イラスト図解ですっきりわかる算数

新算数教育研究会 編

東洋館出版社

はじめに

算数科の学習指導要領は、数学的に考える資質・能力の育成を目指し、学力の「三つの柱」のそれぞれに対応する資質・能力を明らかにする形で、教科目標と指導内容を示しています。この「資質・能力ベース」の新しい教育課程の基準では、育成を目指す「知識・技能」や「思考・判断・表現力等」、「学びに向かう力や人間性」が、どのような数学的な見方・考え方の働きのもとで身に付いていくのかを検討し、算数科の領域を再構成した上で、中学校への接続を踏まえて教科内容が整理されています。

実際、この改訂においては、従来の４つの内容領域が再編成され、「A 数と計算」、「B 図形」、「C 測定」（下学年)、「C 変化と関係」（上学年)、及び「D データの活用」の５つの領域構成となりました。また、これらの領域の内容に関連して児童が取り組む活動として、数学的活動が位置づけられています。さらに、統計教育の充実、割合に関する指導の改善等、算数教育の現状と課題、今後の展望を視野に、内容の変更も行われています。

このように大きな変更を含む学習指導要領の改訂の趣旨とその実際を、若手の先生方にもわかりやすく伝えることが大切であるとの認識のもと、本書の企画は、新算数教育研究会の名誉会長であられた清水静海先生（帝京大学教授）のもとで進められました。清水静海先生は、今回の改訂において、中央教育審議会教育課程部会に設置された算数・数学ワーキンググループの主査代理として、数学的な見方・考え方の働きや数学的活動の充実を軸とした資質・能力ベースの算数・数学科の教育課程の在り方の構想とその具体的な策定をリードされました。戦後の日本の算数教育の歩み、特にご自身が教科調査官として改訂にあたられた平成元年の学習指導要領や、さらに時代を遡る数学教育現代化期の算数教育への想いとともに、今回の改訂に臨まれたことを何度も伺いました。

この本が完成を迎えつつある中、令和４年 11 月 13 日に清水静海先生が急逝されたという悲しい知らせが飛び込んでまいりました。関係者一同、悲嘆に暮れておりますが、先生がこれまで算数・数学の進展に果たされた大きな役割に加え、本研究会をリードしていただいたご功績に感謝しつつ、この本を世に送り出し、先生のご冥福をお祈りしたいと思います。

新算数教育研究会会長　清水 美憲

第１章

学習指導要領のキーワード

「数学的な見方・考え方」とは

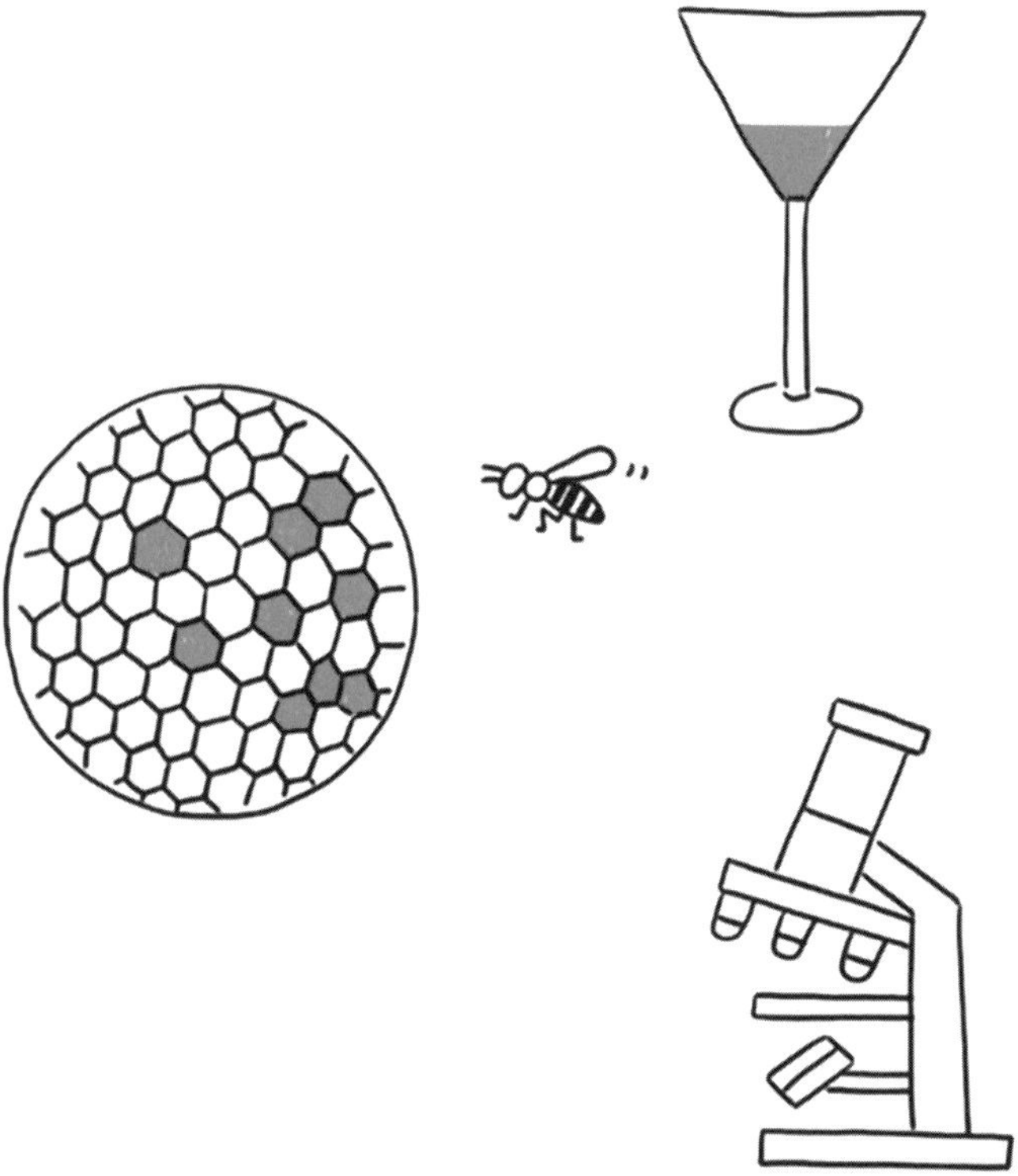

算数のメガネ

マンホールのふたが正方形だったら、対角線の方向で下に落ちてしまいます。蜂の巣は幼虫の居心地がよく、しかも壊れにくそうです。円錐形のグラスには、同じ高さのコップと比べ、3分の1しかカクテルが入りません。

　このように、私たちは、身の回りの事象のからくりを探る際に、数・量・図形とその変化や関係に着目してその特徴や本質を捉え、図などを使いながら、数学的な知識を活用して論理的に考えて結論を導きます。

・マンホールのふたが丸いのは？

・蜂の巣の六角形は幼虫に優しい？

・カクテルグラスには少ししか入っていない？

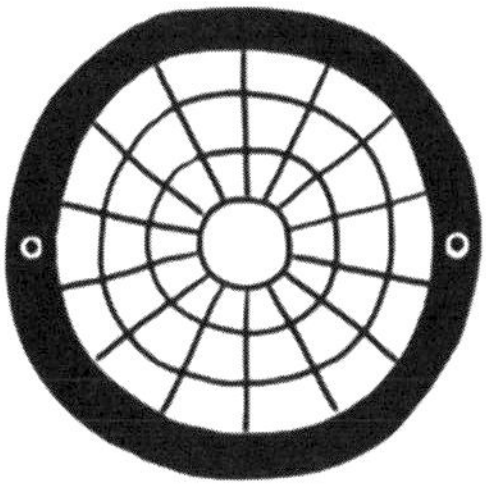

「数学的な見方・考え方」は、算数科に本質的に関わるものの見方や考え方で、学問としての数学や、教科としての算数・数学の特徴を反映しています。

例えば、数と計算では「単位」に注目して計算の範囲を広げたり、構成要素に着目して一つの図形を多面的に考察したりする中で、「数学的な見方・考え方」が働きます。

数学的な見方・考え方の働きの中核は、算数の「メガネ」や「顕微鏡」で事象を捉え、目的に応じて数・式、図、表、グラフ等を活用し、論理的に考えて、知識・技能等を関連付けながら統合的・発展的に考えることです。

「数学的な見方・考え方」が働くとは

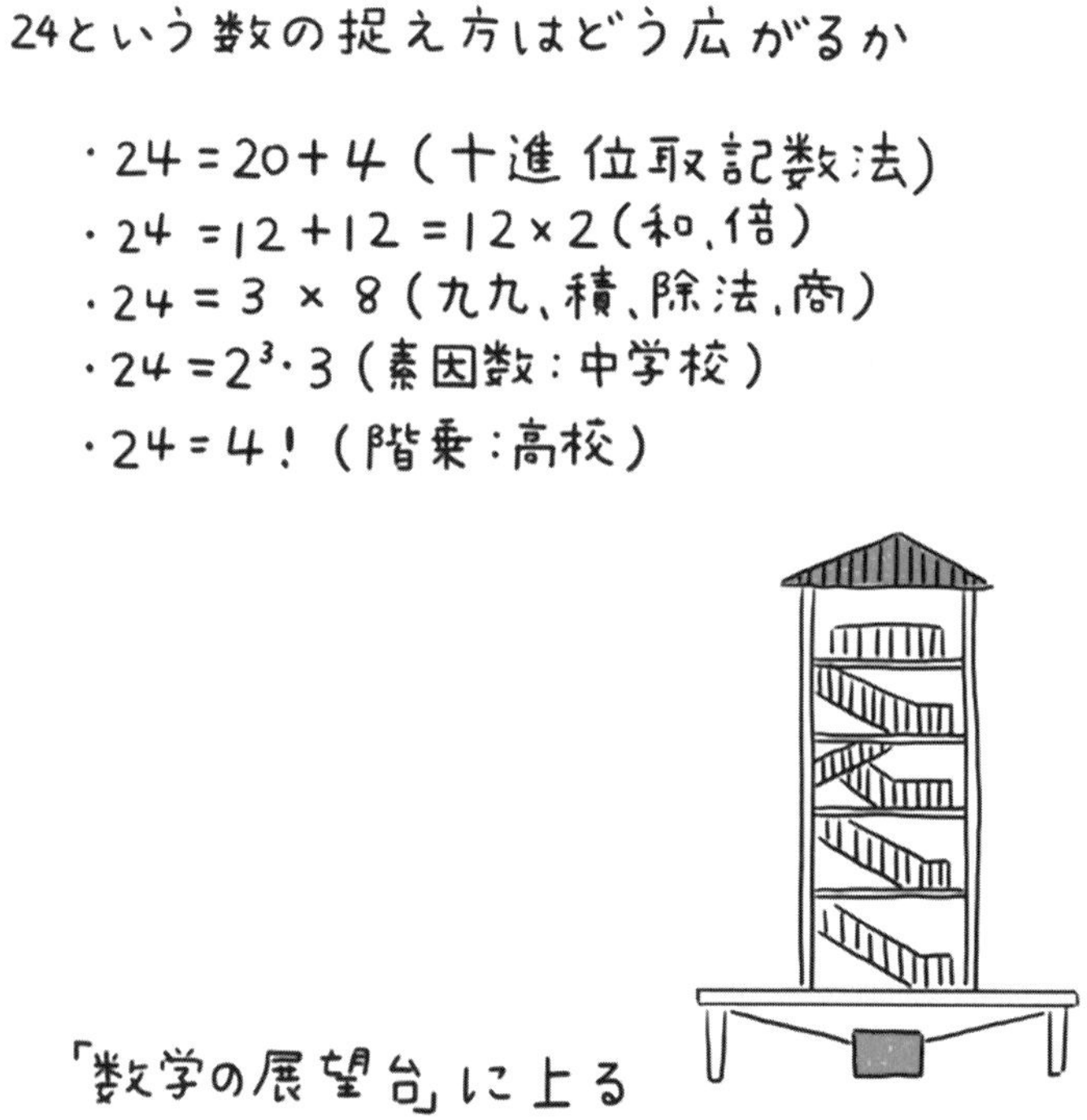
24という数の捉え方はどう広がるか
・24＝20＋4（十進位取記数法）
・24＝12＋12＝12×2（和、倍）
・24＝3×8（九九、積、除法、商）
・24＝2^3・3（素因数：中学校）
・24＝4!（階乗：高校）
「数学の展望台」に上る

視界良好に

数学的な見方・考え方が働くと、算数の学習における考察の対象を様々な観点から捉えて、より統合的・発展的に考察ができ、視界良好になります。

例えば、「24」という数の捉え方は、学年とともに上のように広がって、新しい世界が開かれます。図形の構成要素に着目すると、面積公式がまとまって見えてきます。

算数科の学習では、統合的・発展的な考察を中核に、算数の展望台に上り、視界良好になってきます。

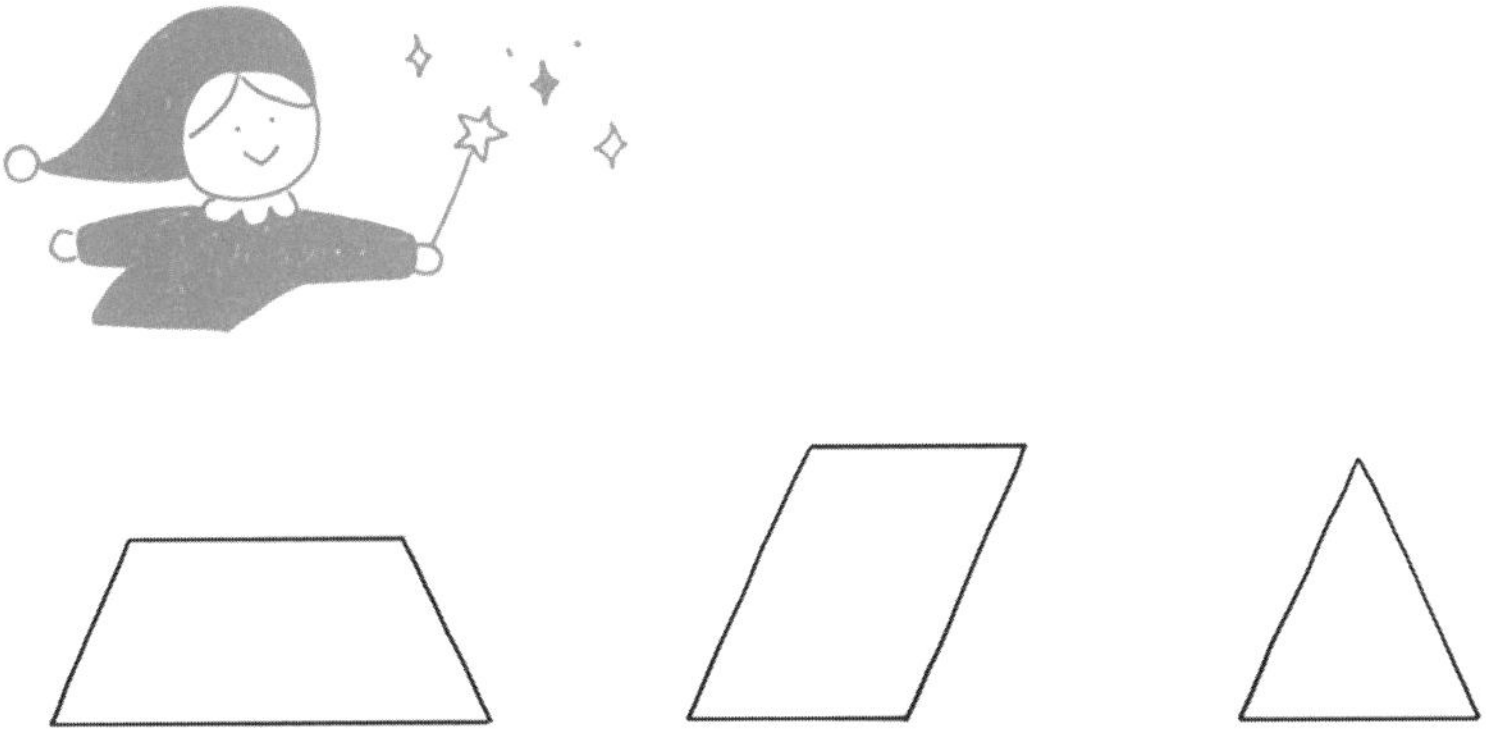

台形の面積公式「(上底+下底)×(高さ)÷2」で
他の図形の面積公式を説明すると？

数学的な見方・考え方が働くと

数学的な見方・考え方の働きで、算数科の学習が豊かで確かになり、逆に数学的な見方・考え方自体がさらに豊かで確かなものになります。

・数学的な見方・考え方を働かせ、新しい知識や技能を習得し、習得した知識・技能を活用して探究し、知識や技能を生きて働くものに。

・数学的な見方・考え方を働かせ、複雑な事象をより深く考察したり、その過程や結果を数学的に表現したりできるように。

・数学的な見方・考え方の働きによって、社会や世界に深く関わり算数（数学）のよさがわかるように。

「数学的活動を通して」とは

算数の教科目標の柱書の趣旨を実現するには、算数の内容の習得を最優先の課題とした学習過程ではなく、事象を算数の価値（見方）から捉えて問題を見いだし、問題を算数・数学らしい認知・表現方法（考え方）によって自立的、協働的に解決し、解決過程を振り返って概念を形成したり体系化したりする過程といった問題解決の過程～数学的活動～を描いていくことが大切です。

問題解決の学習過程や指導方法が一定の枠に閉ざされてしまい、学習過程や指導方法が「型」に縛られて形式化・形骸化してはいけません。狭い意味での授業の方法や技術の改善に終始していたのでは資質・能力ベースの授業づくりは難しいでしょう。「数学的活動を通して」と示されたことは、算数の問題解決学習を見直して、その質的転換を図ることが期待されているわけです。

小学校学習指導要領（平成29年告示）算数科解説（P.8）には「算数・数学の学習過程のイメージ」が提示されています。これは資質・能力ベースでの授業づくりの方向性を示すものです。これを基にして算数が本来求めている問題解決の過程を改めて確認するとともに、こ

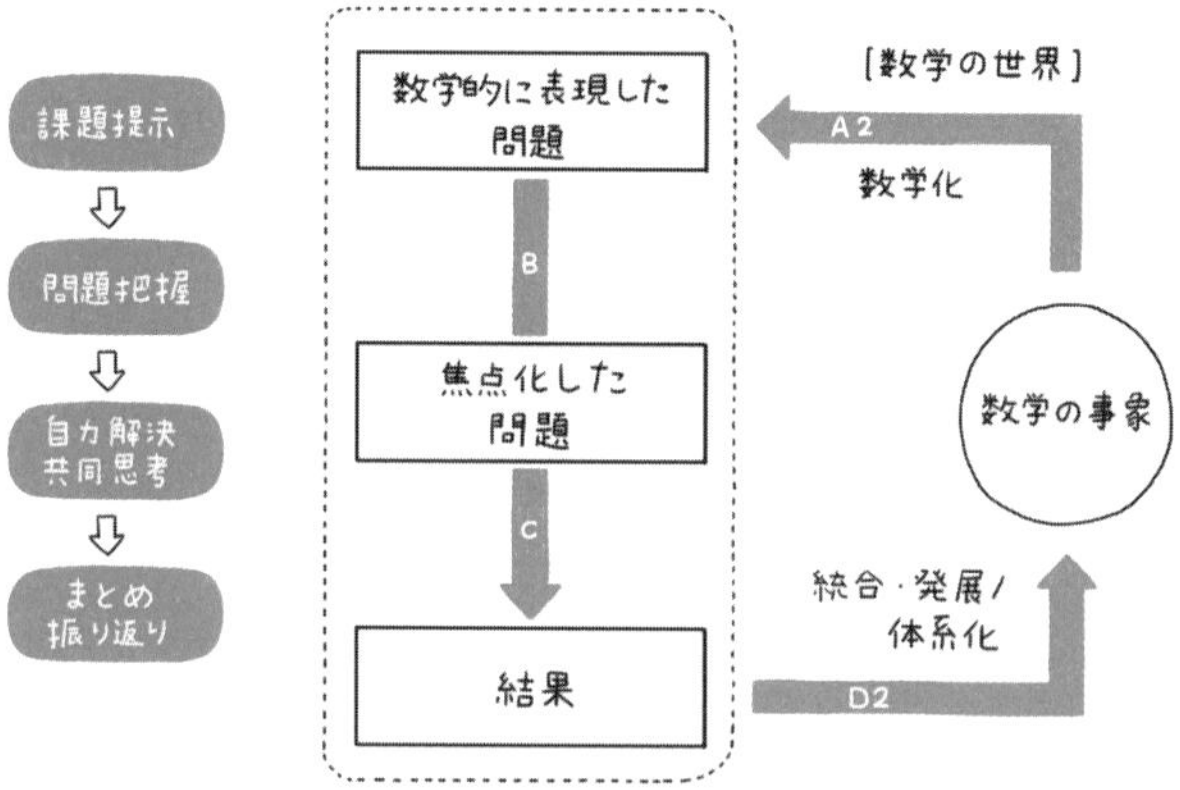

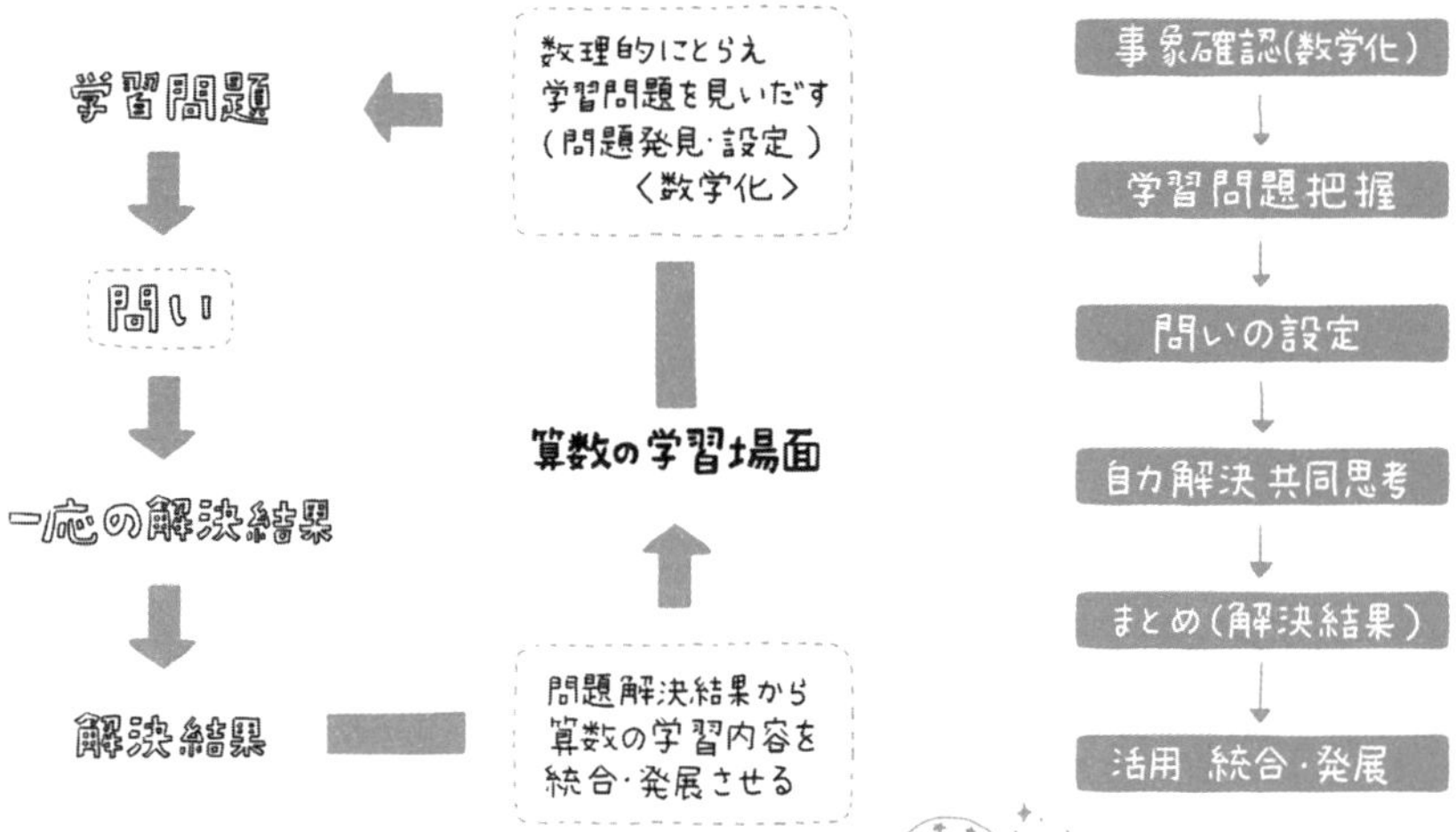

の過程を踏まえた学習展開を日々の授業に位置付けていくことが求められています。

「数学的活動」は、数学的な見方・考え方を働かせた学習を展開することを明確にするとともに、学習指導の過程においては、数学的に問題を発見・解決する過程を重視しました。授業の入り口での課題やめあての見直しや思考対象の見極め、さらには思考プロセスなどの再検討を求めています。例えば、日常事象および数学的事象を数理的に捉えて子供とともに問題発見・設定をしたり、従来授業の終末時のみに行われているまとめを必要に応じて問題解決の過程において明示的に行ったりするなどの問題解決の組み立ての工夫が必要です。

このように算数の授業においてこれまで以上に、事象を数理的に捉え、数学的に表現・処理し、問題を解決したり、解決の過程や結果を振り返って考えたりすることや算数の学習場面から問題を見いだし解決したり、解決の過程や結果を振り返って統合的・発展的に考えたりすることを大切にしたいものです。

「数学的活動」は「算数的活動」とどう違う？

これまでの「算数的活動」とは「児童が目的意識をもって主体的に取り組む算数に関わりのある様々な活動」とされて、それによって新たな性質や考え方を見いだそうとしたり、具体的な課題を解決しようとしたりしてきました。算数が目指す数量や図形の意味を実感をもって捉えたり、思考力、判断力、表現力等を高めたりできるようにするとともに、算数を学ぶことの楽しさや意義を実感できるようにするためには、児童が目的意識をもって主体的に取り組む活動となるように指導する必要があったからです。

また、算数的活動は、様々な活動が含まれるとして、作業的・体験的な活動など身体を使ったり、具体物を用いたりする活動や算数に関する課題について考えたり、算数の知識を基に発展的・応用的に考えたりする活動や、考えたことなどを表現したり、説明したりする活動も算数的活動に含まれました。

このような捉えは「数学的活動」の【目標】と同様と言えます。しかし、教科目標では、算数に固有の見方や考え方である「数学的な見方・考え方」を働かせた学習を展開するよう【内容】を整理することが求められ、また学習指導の過程においては、数学的な問題発見や問題解決の過程を重視することが求められています。そこで、数学的な問題発見・解決の過程における様々な局面とそこで働かせる数学的な見方・考え方に焦点を当てて算数科における児童の活動を充実するために、「算数的活動」を「数学的活動」と改めて、その趣旨を一層徹底することとしたわけです。

また、「数学的活動」を、数学的な問題発見・解決の過程に位置付く「日常の事象から見いだした問題を解決する活動」、「算数の学習場面から見いだした問題を解決する活動」及び「数学的に表現し伝え合う活動」を中核とした活動、さらには下学年には、身の回りの事象を観察したり、小学校に固有の具体的な操作をしたりすることと等を通して、数量や図形を見いだして、それらに進んで関わっていく活動を【方法】として明確に位置付けました。これが、子供の能力として成長していくことを踏まえて、各学年の発達段階に応じてグレーディングされていることも大きな違いです。

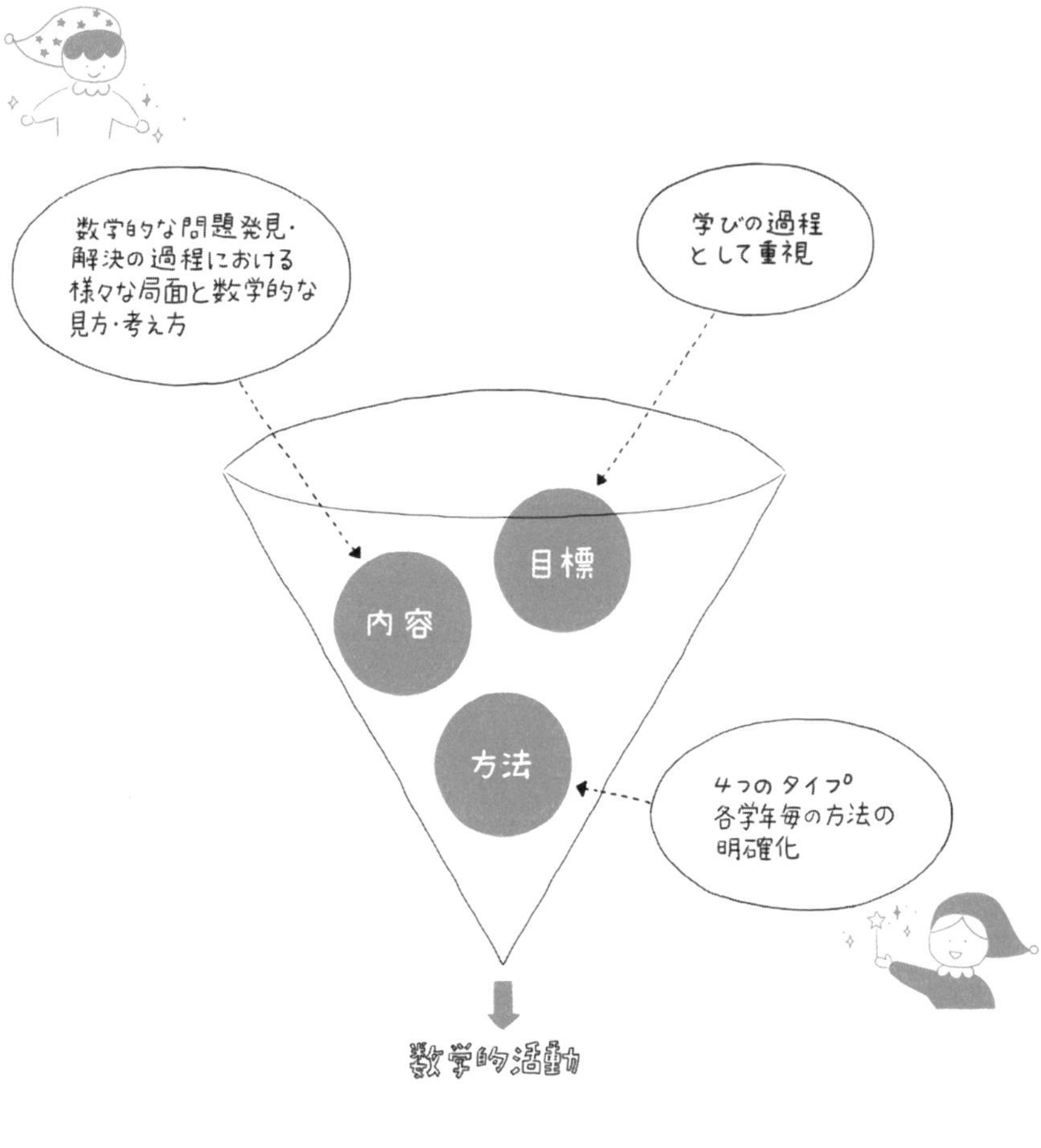
数学的な問題発見・
解決の過程における
様々な局面と数学的な
見方・考え方
学びの過程
として重視
目標
内容
方法
4つのタイプ
各学年毎の方法の
明確化
数学的活動

生きて働く知識・技能

数量や図形などについての基礎的・基本的な概念や性質などを理解するとともに、日常の事象を数理的に処理する技能を身に付けることが意図されています。ただ知っていても、それを活用できなければ、宝の持ち腐れです。算数科において、知識・技能は活用できてこそ意味をもちます。

そのためには、単元や授業の構成において、困難に遭遇する場面を設定し、その困難を乗り越えるための方策として、知識・技能が導入されるといった展開が大切です。目を向けるべき点は、最初に知識・技能を教師が授けて、後で活用するといった流れではなく、子供たちに新たな知識・技能が必要となる場面を設定することで、知識・技能を獲得する必然性を感得できるような展開を考えていくことです。この点が「生きて働く」という言葉が強調される所以《ゆえん》です。

授業づくりにおいては、これまで学習したことを復習した上で新しい学習に入るという展開に固執することなく、新しい内容を学習する上で既習の内容が必要になり、それを引き出して復習するような展開を考えていくことが肝要です。前に進みながら戻る指導をすることによって、新しい内

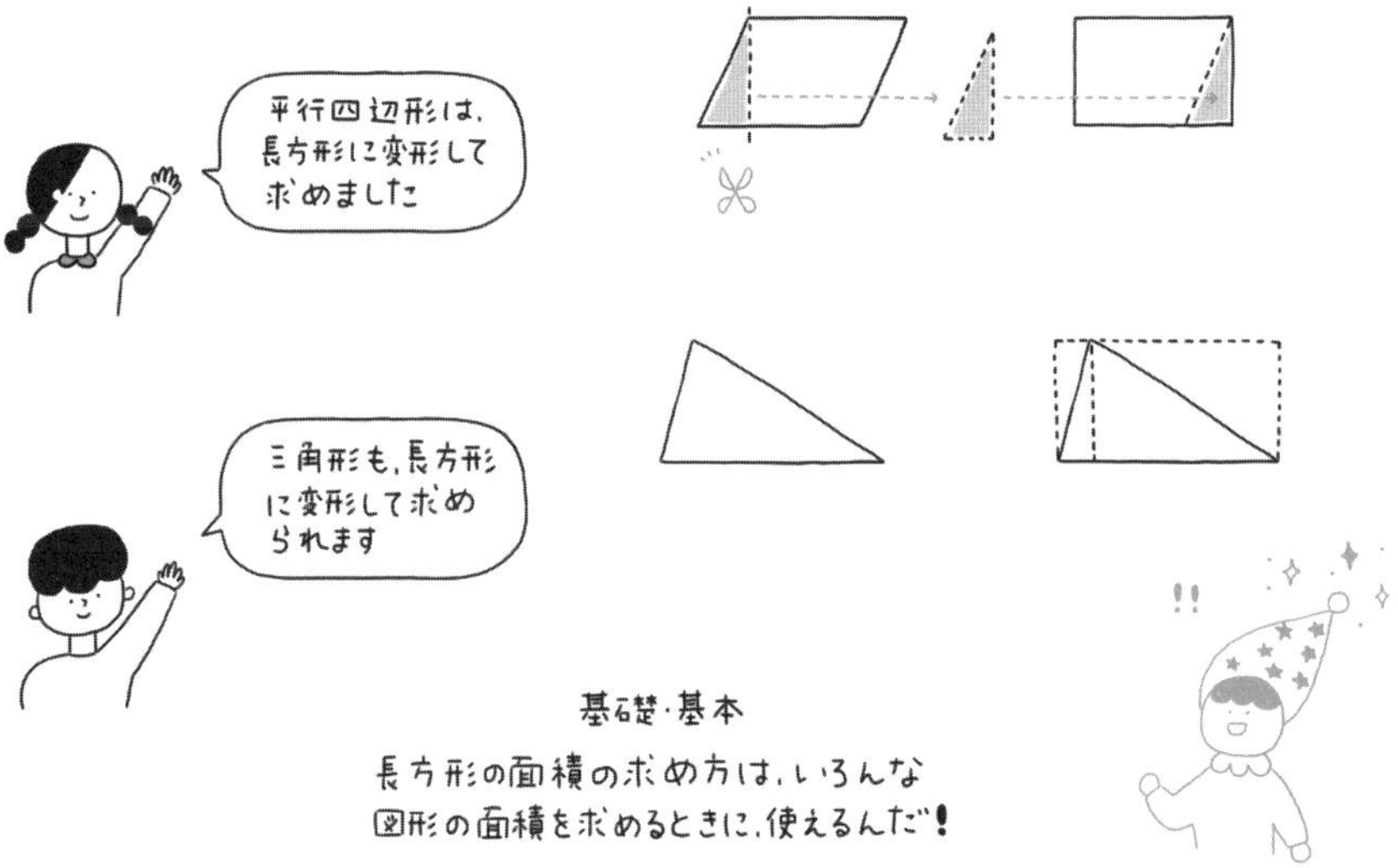
平行四辺形は、長方形に変形して求めました
三角形も、長方形に変形して求められます
!!
基礎・基本
長方形の面積の求め方は、いろんな図形の面積を求めるときに、使えるんだ!

容を学習する上で、既習の内容がどのように生かされているのかを理解するとともに、その過程を通して数学的な見方・考え方をさらに豊かで確かなものにしていくことになります。既習を単に繰り返すだけでなく、既習が新しい問題を解決する上でどのように活用できるかまで考えることができるわけです。

もう一つ大切なことは、「基礎・基本」を明確にするということです。進みながら戻っていくと、出てくる頻度の高い知識・技能が何であるのかを体得することができます。そして、頻度の高い知識・技能こそ、算数科で押さえておくべき「基礎・基本」として捉えることができます。進みながら戻ることで、子供の中にも基礎・基本は何なのかが見える指導をしていくことが可能になります。ここで留意すべき点は、どこまで戻るかという点です。これは、子供の実態によります。子供たちの理解度が低い場合は、繰り返し知識・技能を確認していくことが必要です。子供たちがどこまでわかっているのかを確認する上でも、繰り返し学習を意図して、新しい内容の学習を試みていく必要があります。

未知の状況にも対応できる
思考力・判断力・表現力等

試行錯誤からたたき台へ
そして検討・修正へ

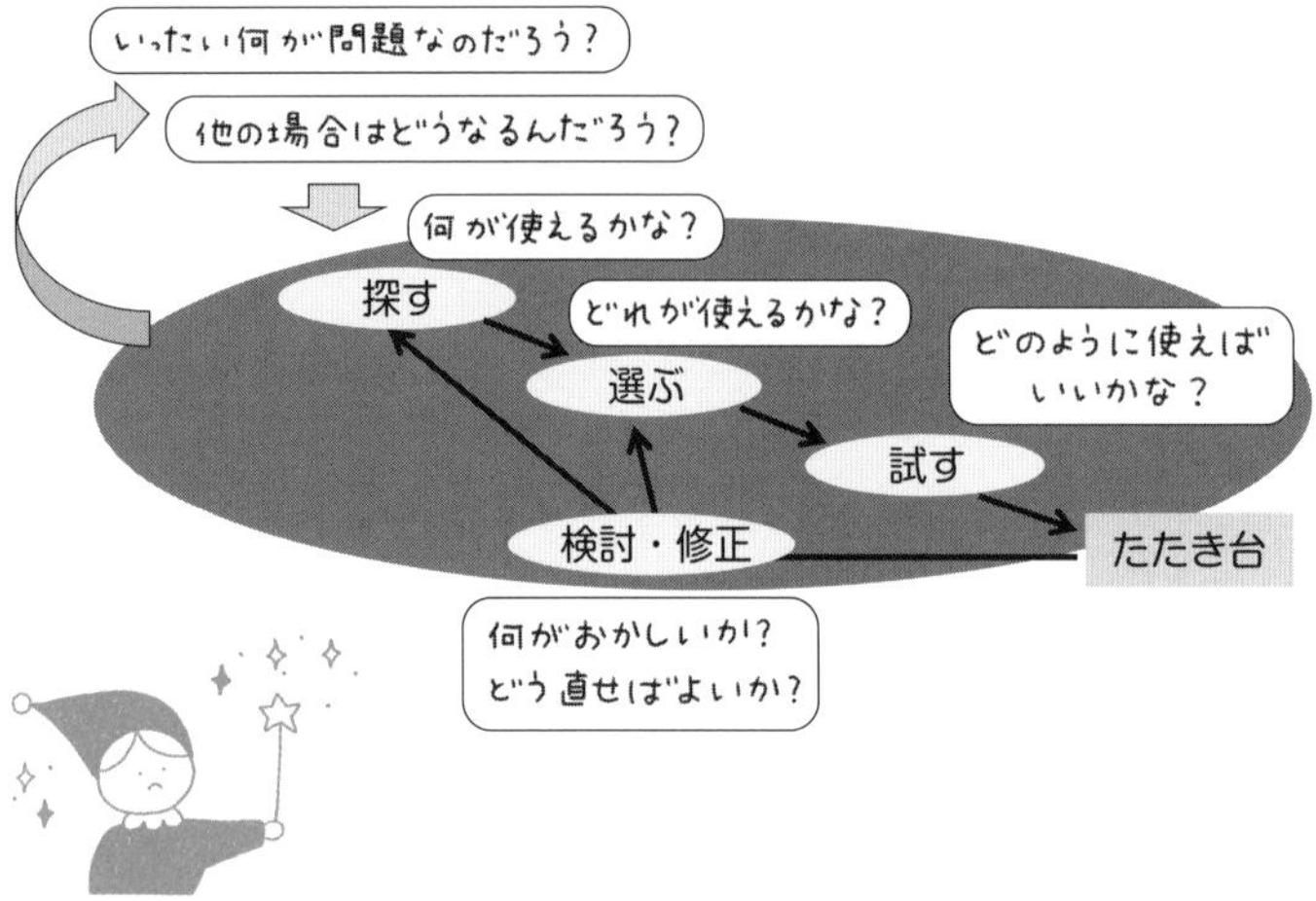
いったい何が問題なのだろう？
他の場合はどうなるんだろう？
何が使えるかな？
探す
どれが使えるかな？
選ぶ
どのように使えば
いいかな？
試す
たたき台
検討・修正
何がおかしいか？
どう直せばよいか？

日常の事象を数理的に捉え見通しをもち筋道を立てて考察する力、基礎的・基本的な数量や図形の性質などを見いだし統合的・発展的に考察する力、数学的な表現を用いて事象を簡潔・明瞭・的確に表したり目的に応じて柔軟に表したりする力の育成が意図されています。

そのためには、「よく知っている問題なら解けるが、習っていない問題は解けない」という子をつくるのではなく、未知の問題でも、「何が使えるかな（探す）」「どれが使えるかな（選ぶ）」「どのように使えばいいかな（試す）」といった具合に試行錯誤しながら、これまでの経験を生かして解決していける子を育てていく必要があります。未知の状況にも対応できる思考力・判断力・表現力等を育てていく理由は、まさにここにあるわけです。そして、試行錯誤を通して問題を解決していける子を育てるには、うまくいかなかったときに、何回でも検討・修正し、徐々に正解へと近づけていこうとする力が必要です。このように考えたとき、子供たちが直観的に類推した考えは、常にうまくいくとは限らないということ、すなわち、それはあくまで「たたき台」であり、何をど

表現方法の洗練と
表現方法の多様化

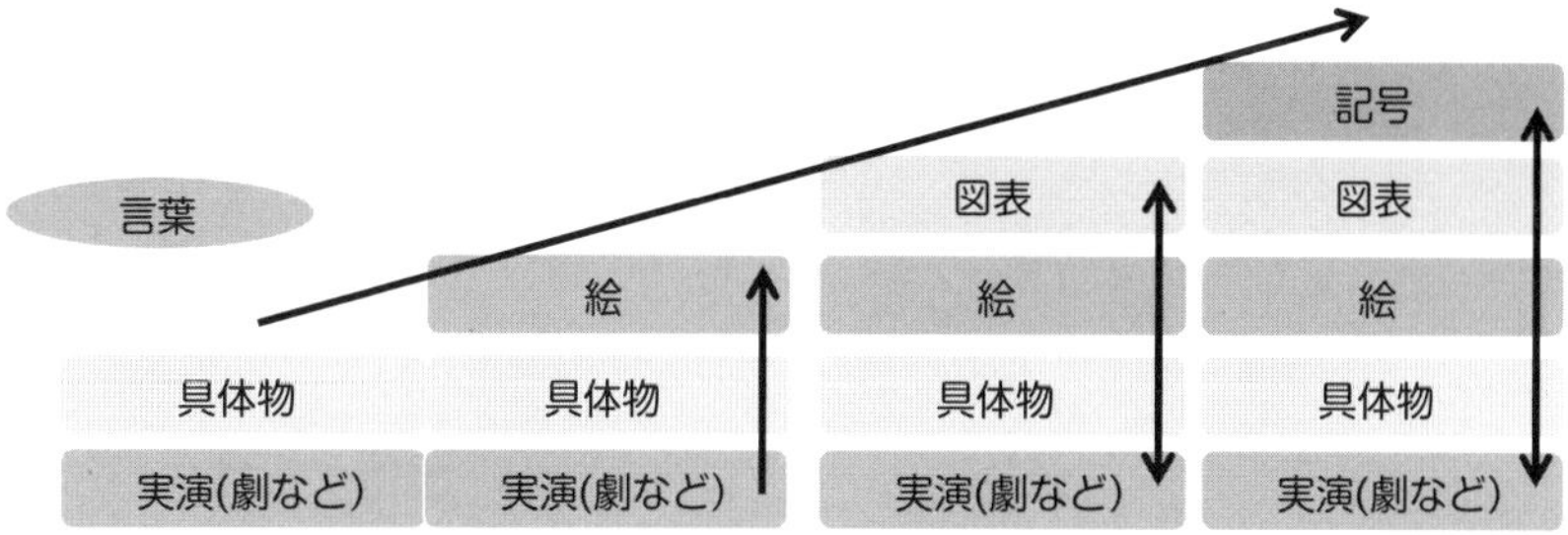

表現方法を抽象化していくとともに、
場面に応じて表現方法を使いわける力

のように類推したかを明確化するとともに、その類推でよいかどうかを振り返ることが肝要です。そして、うまくいかなかった場合は、「何がおかしかったのか」という問いを引き出したり、一応の解決が得られたなら、さらなる問いを見いだしたりしていくことが期待されます。新たな問題を見いだす行為は、問題を解決する行為と同等に重要であることに留意していく必要があります。

また算数では、学年進行に伴い、現実的表現（実演）から始まり、具体物による操作的表現（ブロックやおはじき等）、絵による表現、図表による表現、数式等に代表される記号的表現へと抽象化していきます。抽象化することにより、具体が見えづらくなるわけですが、ケースバイケースで考えていたもろもろのことを捨て去り、本質だけを表現して簡潔・明瞭・的確に説明することが可能になります。文字式等で表現できた子供には、それだけで終わりにするのではなく、友達の理解度に配慮しながら、図表によって表現できないか、絵によって表現できないか、具体物によって表現できないか等を考える場面を設定していくことが大切です。

学びに向かう力・人間性等
学びを人生や社会に生かそうとする

価値を見いだす経験が鍵を握る

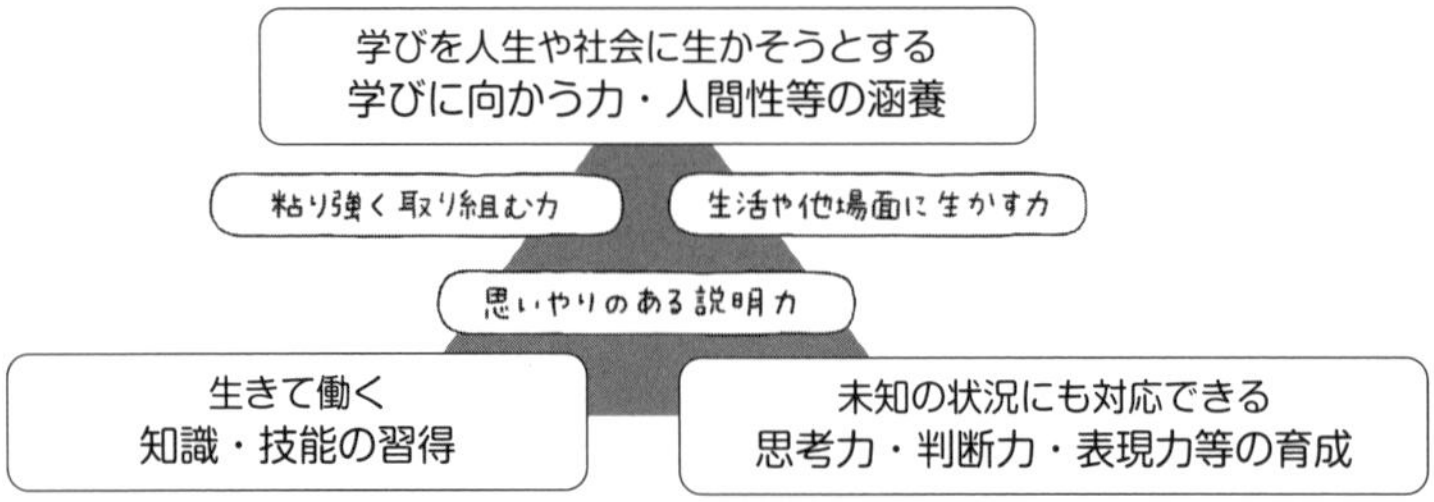
学びを人生や社会に生かそうとする
学びに向かう力・人間性等の涵養
粘り強く取り組む力
生活や他場面に生かす力
思いやりのある説明力
生きて働く
知識・技能の習得
未知の状況にも対応できる
思考力・判断力・表現力等の育成

知識・技能、思考力・判断力・表現力等
に支えられてゆっくりと涵養される

思考力・判断力・表現力等を育成することを通して、学びに向かう力・人間性等を涵養《かんよう》していく必要があります。涵養という言葉が意味するように、思考力・判断力・表現力等を育成する中で、水が自然に染み込むように、無理をしないでゆっくりと学びに向かう力・人間性等を養い育てることになります。具体的には、数学的活動の楽しさや数学のよさに気付き、学習を振り返ってよりよく解決しようとする態度、算数で学んだことを生活や学習に活用しようとする態度が意図されています。

例えば、粘り強く取り組もうとする態度を育てるには、うまくいかなかったときに、何回でも検討・修正し、そして正解へと至る経験が必要になります。そのような経験を何回かすれば、たとえわからなくてもうまくいくかもしれないという思いが芽生えるとともに、数学的活動の楽しさが感得できるようになり、その子の中に粘り強く取り組もうとする態度が生まれてくることになります。試行錯誤を通してたたき台をつくり検討・修正していく行為の所産として得られる態度と言えます。

例えば、学んだことを日常生活や他の場面に生かそうとする態度を育てるには、ある問題が解決され

生活の中には、他にも
図形の性質が生かされている
場面はあるのかな？
かごの側面の形が
台形になっているから
いくつでも重ねることが
できるんだ。なるほど
蜂の巣の形は、正六角形
のような形だけど、これには
何か理由はあるのかな

たとき、その解決過程を振り返ることで、「何か問題はないだろうか」「他の場面でも生かせないだろうか」と問うてみることが必要です。そして、その問いを探究することで、新たな発見につながる経験をすることが大切です。新たな問いが発見へとつながる経験をすることは、学習したことを日常生活や他の場面等に生かしていこうとする態度を涵養してくれます。

例えば、相手の立場に立って説明しようとする態度を育てるには、表現方法を工夫して説明することで相手がわかってくれたことに喜びを感じる経験をすることが大切です。人のために役立つことを喜びに感じられることは、人格の形成において核となるものであり、このようなことを可能にするためにも、人にわかってもらいたいという思いだけでなく、多様な表現力を身に付けておくことも必要となります。

本項では、三つの観点を取り上げて例示的に説明しましたが、このような学びに向かう力・人間性等は、生きて働く知識・技能を習得し、思考力・判断力・表現力等を身に付ける中でこそ涵養されていくということを今一度確認しておく必要があります。

領域はどのように変わったか？

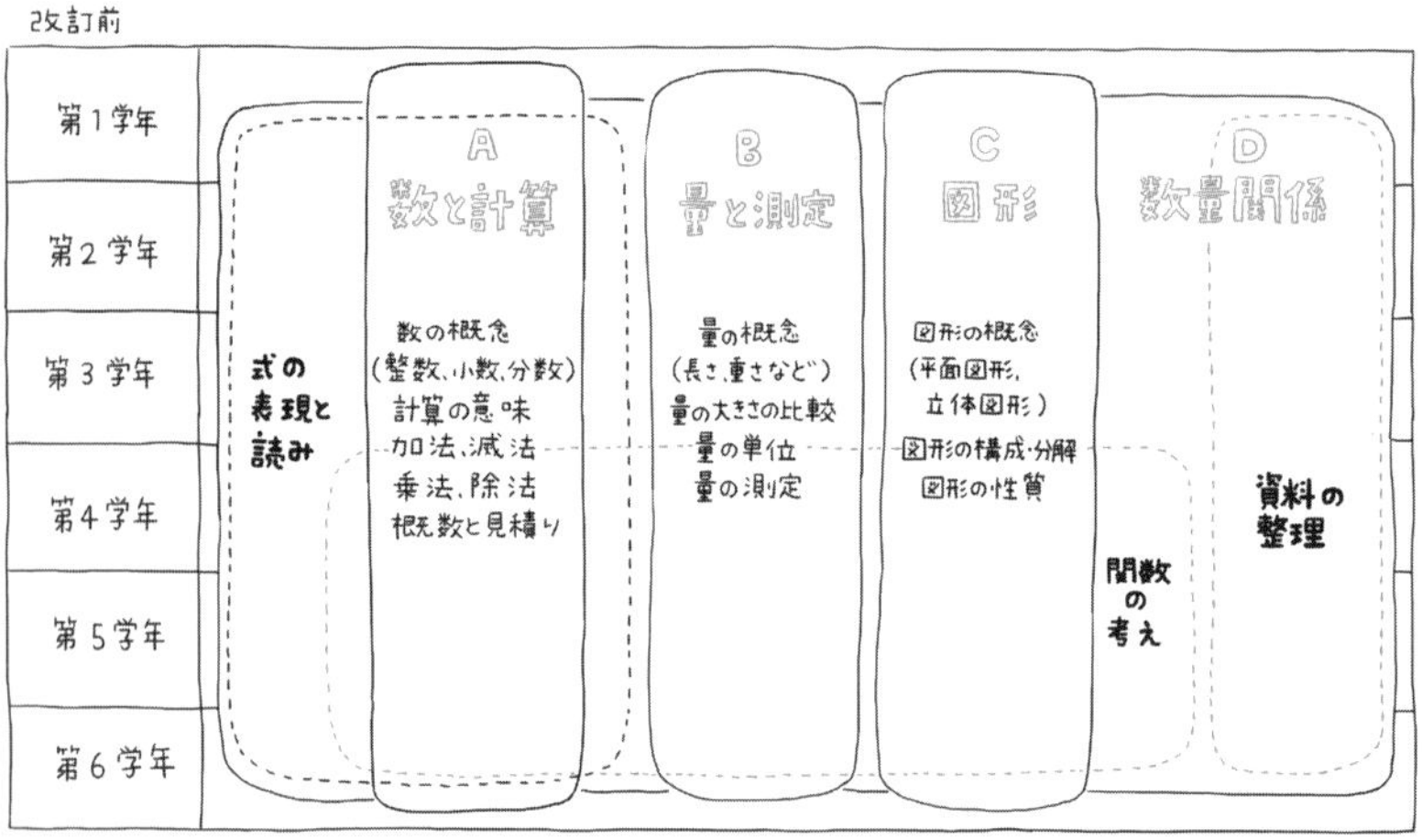

算数科の内容は大きく四つの領域に分けられています。

これまでの学習指導要領では、A 数と計算、B 量と測定、C 図形、D 数量関係、の四つの領域が設定されていました。この中で「A 数と計算」と「C 図形」はそれぞれ、中学校数学の「A 数と式」「C 図形」の学習へと発展する内容です。また「D 数量関係」では、中学校以降の数学の内容で言えば『関数』と『資料の活用（統計）』につながる素地的な内容が扱われていました。一方で、「B 量と測定」は小学校算数に特徴的な領域で、長さ・重さ・時間・面積・体積など、身の回りにある様々な量の単位と測定について学ぶものでした。他の領域がそれぞれ中学校以降の数学の内容につながるものであったのに対して、「B 量と測定」で学習する内容は、面積・体積・角度など中学校の図形領域で学習する内容を除くと、その多くは身の回りにある様々な『量』について、実際に測定できるようになることと、量の大きさについての感覚を豊かにすることが学習のねらいとされていました。

新しい学習指導要領では、「社会生活などの様々な場面において、必要なデータを収集して分析し、その

改訂後

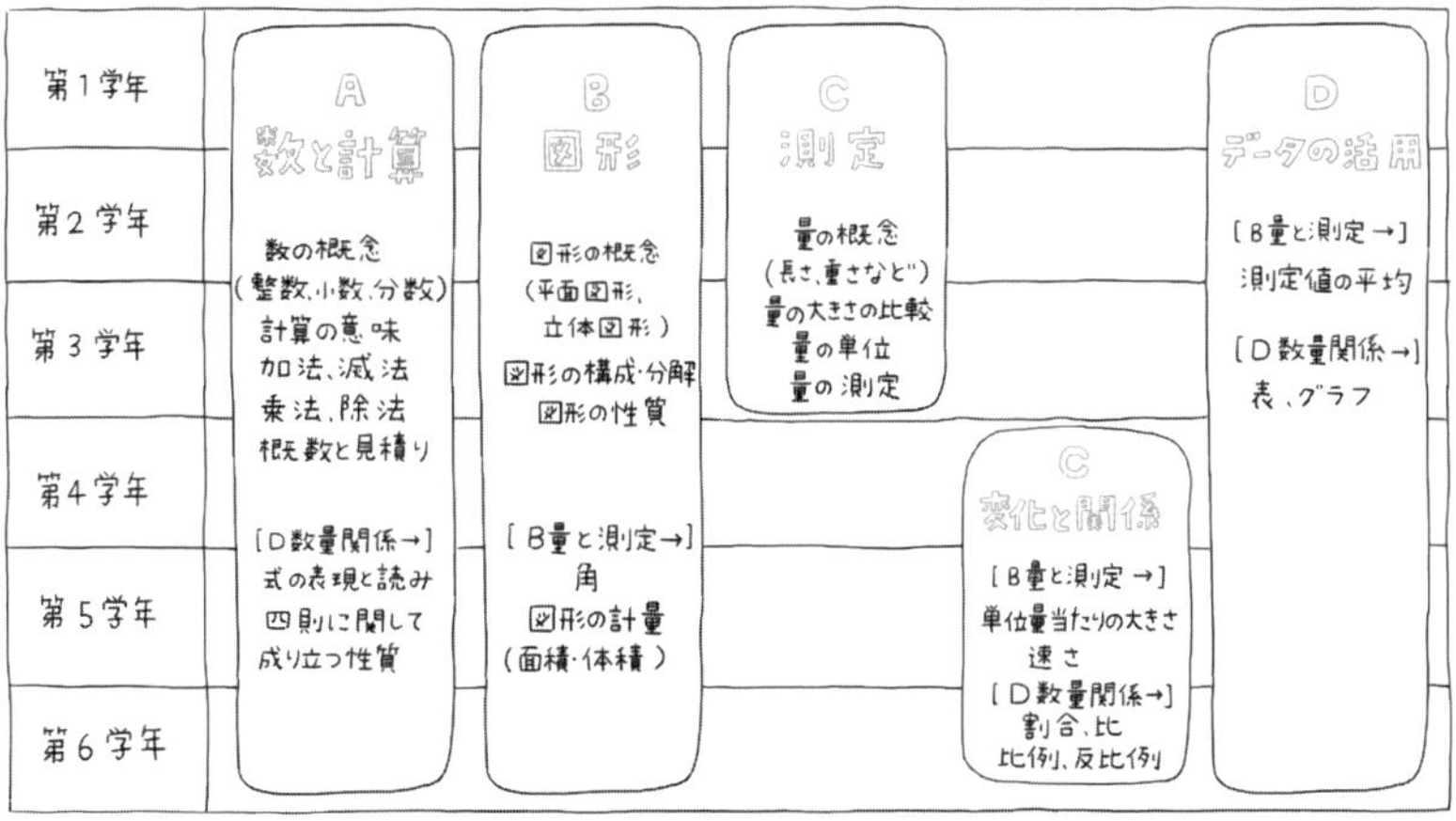

傾向を踏まえて課題を解決したり意思決定をしたりする」能力を育成するために、小・中・高等学校教育を通じて『統計』の内容を充実させています。小学校算数では新たに「Dデータの活用」が1年生から6年生を通じて一つの領域として設定されました。このことに伴い、下学年（1～3年生）と上学年（4～6年生）でそれぞれ異なる領域が設定されています。下学年の算数科の内容は、A 数と計算、B 図形、C 測定、D データの活用、であるのに対して、上学年の内容は、A 数と計算、B 図形、C 変化と関係、D データの活用、になりました。これまでの学習指導要領の「B 量と測定」の内容は、測定のプロセスを充実する下学年の「C 測定」領域と、計量的考察（面積や体積を求めることなど）を含む図形領域として上学年の「B 図形」領域に再編成されました。

また、これまでの学習指導要領の「D 数量関係」の内容は、「関数の考え」として扱われていた内容を上学年の「C 変化と関係」領域に、「資料の整理と読み」として扱われていた内容は、統計教育の基礎を充実させることを目的として、その内容をさらに充実させて「D データの活用」領域に位置付けられることになりました。

新しい指導内容には何があるか？

・目的に応じてデータを集めて分類整理し、適切なグラフに表したり、代表値などを求めたりするとともに、**統計的な問題解決の方法について知る**こと

・データのもつ特徴や傾向を把握し、問題に対して自分なりの結論を出したり、その**結論の妥当性について批判的に考察**したりすること

・**統計的な問題解決のよさ**に気付き、データやその分析結果を**生活や学習に活用**しようとする態度を身に付けること

・目的に応じ資料を集めて分類整理する

・表やグラフなどを用いて分かりやすく表現する

・特徴を調べたり、読み取ったりする

新しい学習指導要領では、「Dデータの活用」領域が新たに設けられました。この領域では、高等学校情報科とも連携しながら、小・中・高等学校教育を通じて統計的な内容を充実させることを目指しています。

「Dデータの活用」領域のねらいは、以下の三つに整理されます。

・目的に応じてデータを集めて分類整理し、適切なグラフに表したり、代表値などを求めたりするとともに、統計的な問題解決の方法について知ること

・データのもつ特徴や傾向を把握し、問題に対して自分なりの結論を出したり、その結論の妥当性について批判的に考察したりすること

・統計的な問題解決のよさに気付き、データやその分析結果を生活や学習に活用しようとする態度を身に付けること

また、この領域で働かせる数学的な見方・考え方に着目して内容を整理すると、以下のようにまとめられます。

① 目的に応じてデータを収集、分類整理し、結果を適切に表現すること（統計的な問題解決活動）

② 統計データの特徴を読み取り判断すること（結論について多面的・批判的に考察すること）

統計的な問題解決については、「PPDACサイクル」と呼ばれる統計的探究プロセスが提起されています。具体的には、「問題（Problem）―計画（Plan）―データ（Data）―分析（Analysis）―結論（Conclusion）」というような五つの段階からなる探究プロセスです。それぞれの段階において、次のような活動が位置付けられています。

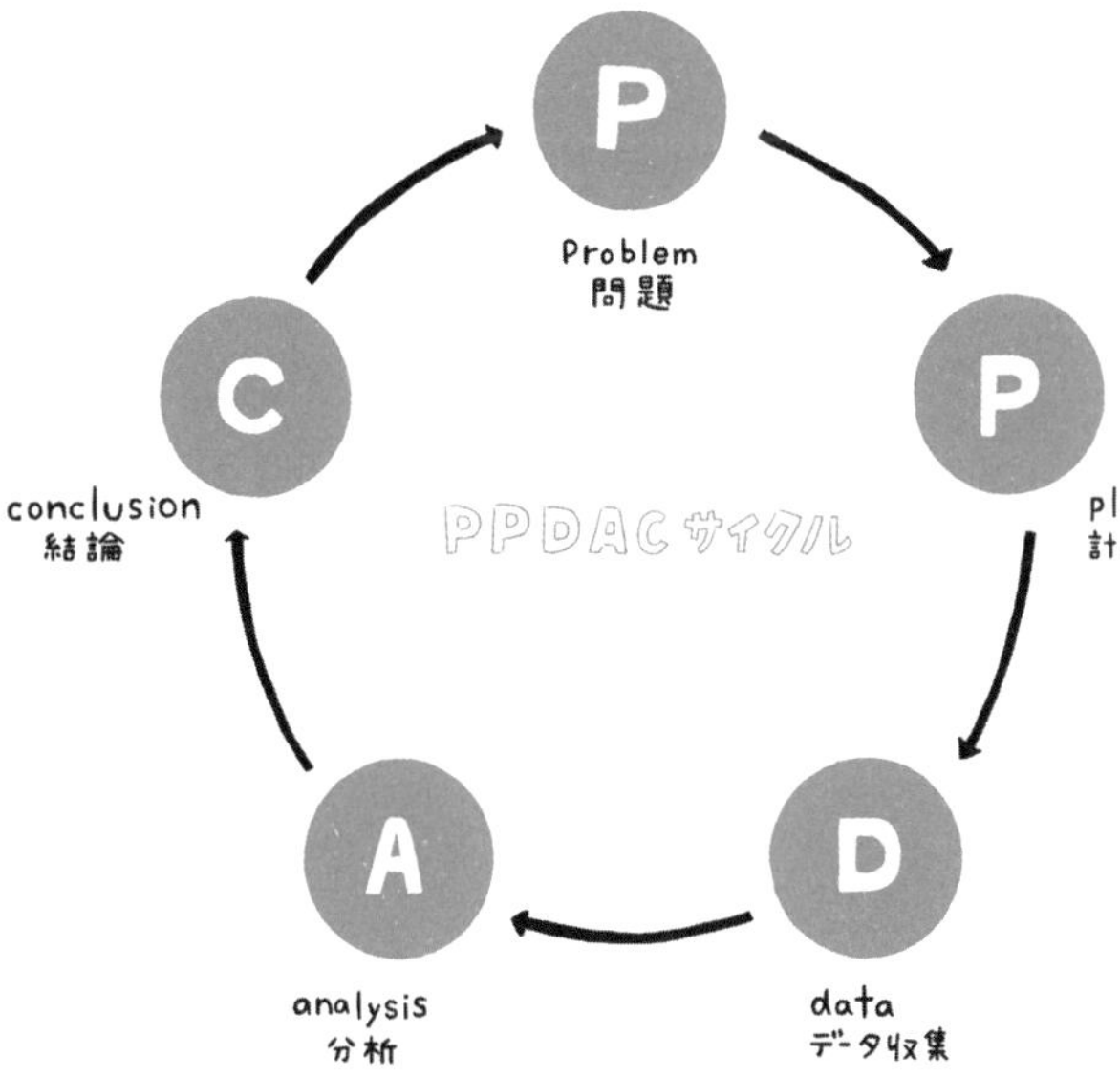

問題	・問題の把握　・問題設定
計画	・データの想定　・収集計画
データ	・データ収集　・表への整理
分析	・グラフの作成　・特徴や傾向の把握
結論	・結論付け　・振り返り

これら一連のプロセスは「問題」から「結論」に向けて一方向に進んでいくものではなく、計画を立てながら問題を見直して修正を加えてみたり、グラフを作り直して分析したり、ときにはデータを集め直したり、相互に関連し、行き来しながら進むものとされています。

また、6年生の内容として新たに「ドットプロット」が入りました。ドットプロットは連続データの数値に着目して分布を見ることができますので、中央値や最頻値などの『代表値』は中学校から移行されて小学校で取り扱うことになりました。代表値の指導では、意味や求め方を学習するだけでなく、得られた結果の妥当性を批判的に考察することが大切です。

新領域の指導はどうするのか？

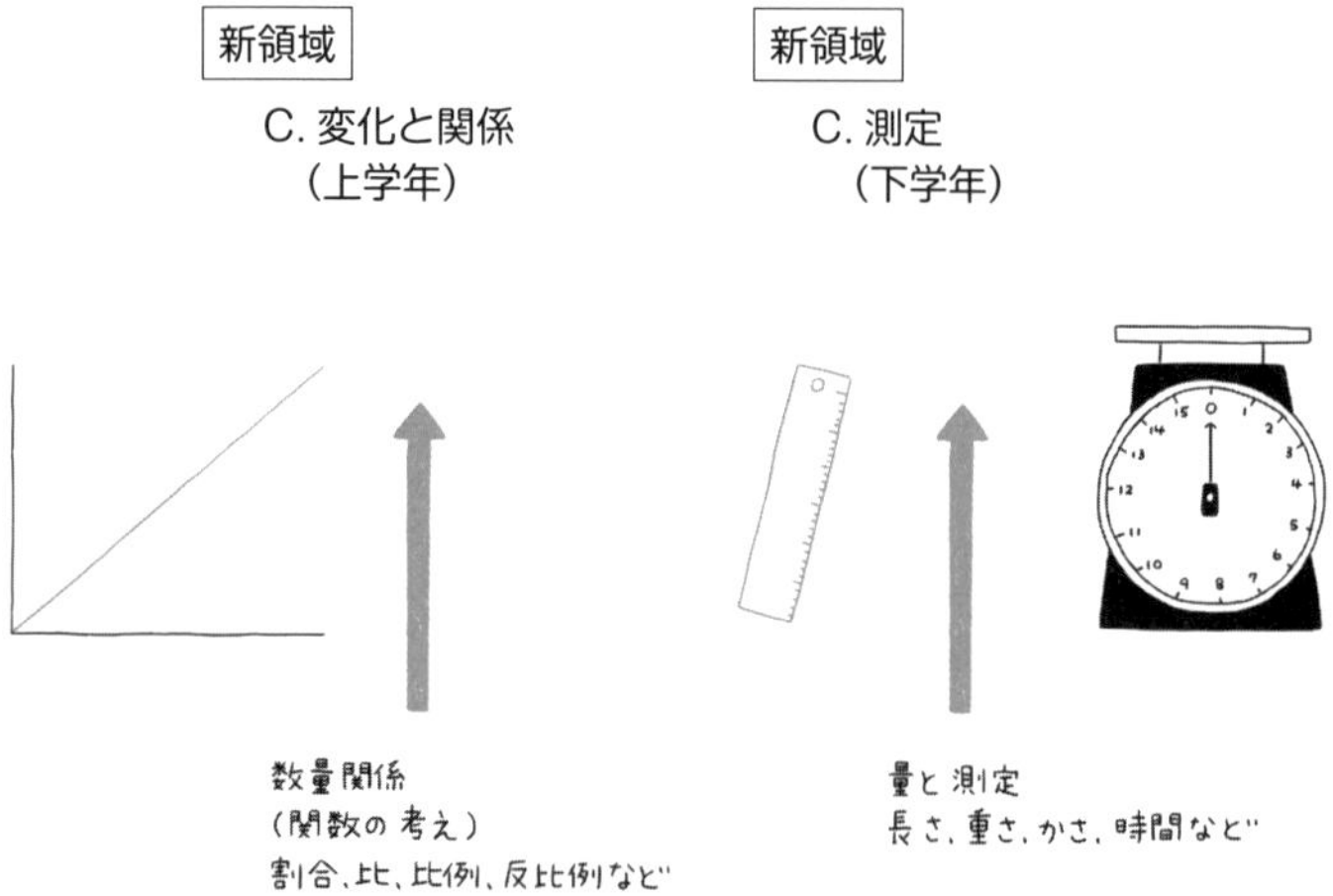
新領域
C. 変化と関係
（上学年）
数量関係
（関数の考え）
割合、比、比例、反比例など
新領域
C. 測定
（下学年）
量と測定
長さ、重さ、かさ、時間など

算数科の新しい領域には、下学年のC領域「測定」と上学年のC領域「変化と関係」、全学年を通したD領域「データの活用」があります。

「測定」領域の内容は、従来の「量と測定」領域の長さ、重さ、かさ、時間などの量の単位と測定が主な指導内容です。領域の名称が変わっただけですので、これまでの指導を大きく変える必要はありません。

身の回りにあるいろいろな量の単位と測定では、直接比較から間接比較、任意単位による測定、普遍単位による測定という一連のプロセスがあります。このプロセスを通して、量の概念を形成し、その測定方法と単位について理解することが目指されています。もちろん、量の種類によって、すべての段階を踏まえる必要はありませんが、日常生活との関わりをもたせながら学習するという従来の学習指導をすることになります。

「変化と関係」領域の内容は、従来の

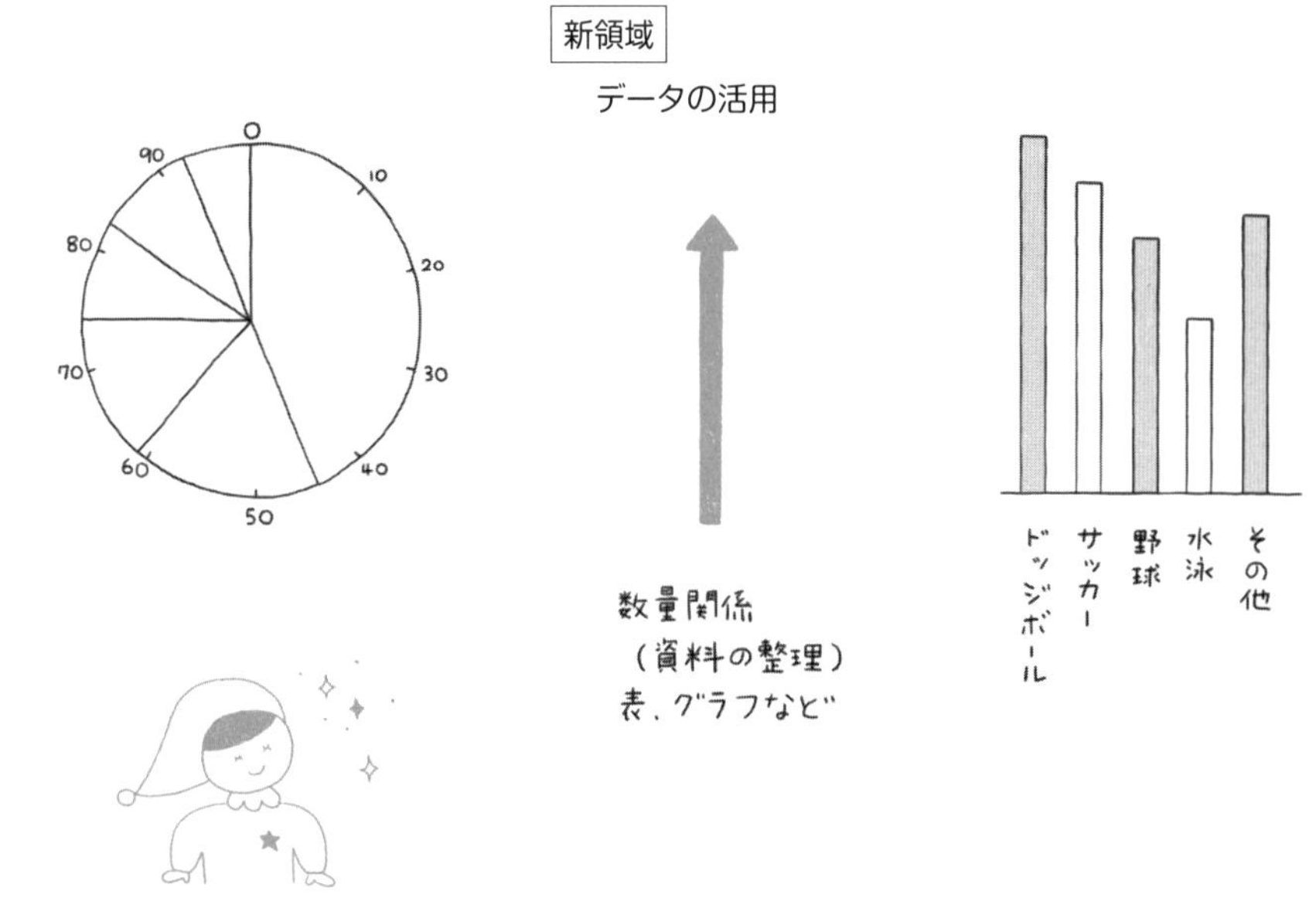

「数量関係」の内容のうち、割合、比、比例、反比例など関数の考えを中心にしたものです。また、「データの活用」は、従来の「数量関係」の表、グラフなど資料の整理を中心にしたものです。

「変化と関係」では、伴って変わる二つの数量の関係に着目し、変化や対応を考察します。この二つの数量の依存関係を調べることが関数の考えの第一歩になります。比例や反比例の関係を、二つの数量の関係の一つとして、日常生活の中に見つけたり、特に比例の関係は問題解決に生かしたりすることも従来通りの学習指導となります。

「データの活用」の指導内容は、①目的に応じてデータを収集、分類整理し、結果を適切に表現すること、②統計データの特徴を読み取り判断することの二つに整理されます。特に新しい指導内容として、代表値（平均値、中央値、最頻値）や目的に応じた問題解決の方法などが加わりますので、新しい指導が必要となります。

領域変更した内容の指導はどうするのか？

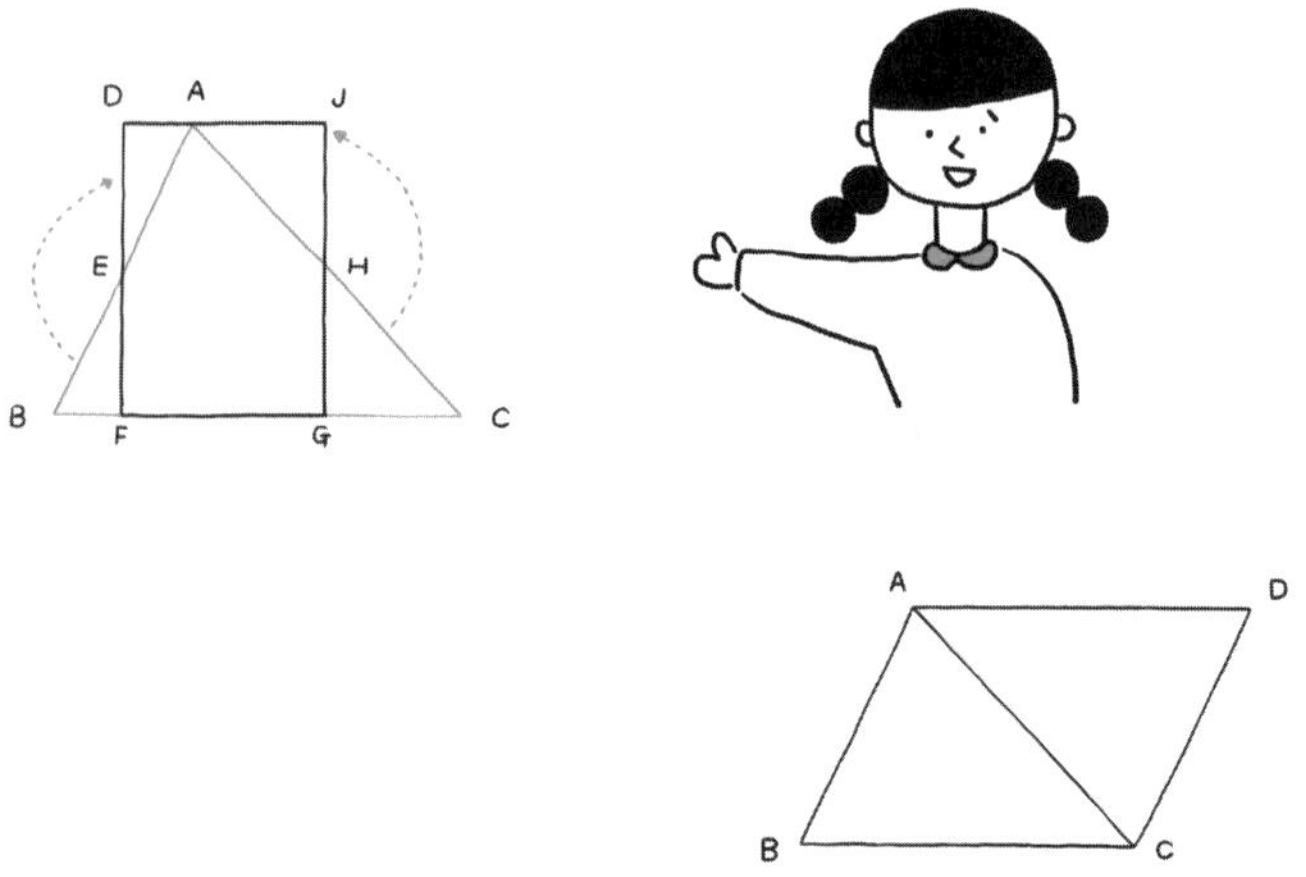

図形の特徴に着目して面積の求め方がわかっている形に直すと･･･
(長方形、平行四辺形→三角形の場合)

基本的には、領域が変更になっても指導内容に変更がないものは、同じ指導と考えます。領域は、指導内容の系統やつながりをわかりやすく整理するための枠組みですので、指導法を規定するものではありません。

今回の改訂で領域が変更された内容については、新しい枠組みを使うことで、他の指導内容とのつながりや指導内容の位置付けがわかりやすく再整理されたと捉えられます。これによって、従来の指導で見落とされがちであった指導内容の取扱い方が捉えやすくなったと考えることができます。

例えば、４年生の面積は「量と測定」から「図形」へと領域変更となりましたが、直接比較から間接比較、任意単位による測定、普遍単位による測定という一連のプロセスを通した面積の概念形成、測定の方法と単位の理解ということに変更はありません。また、５年生の三角形や四角形の面積の公式においても、図形

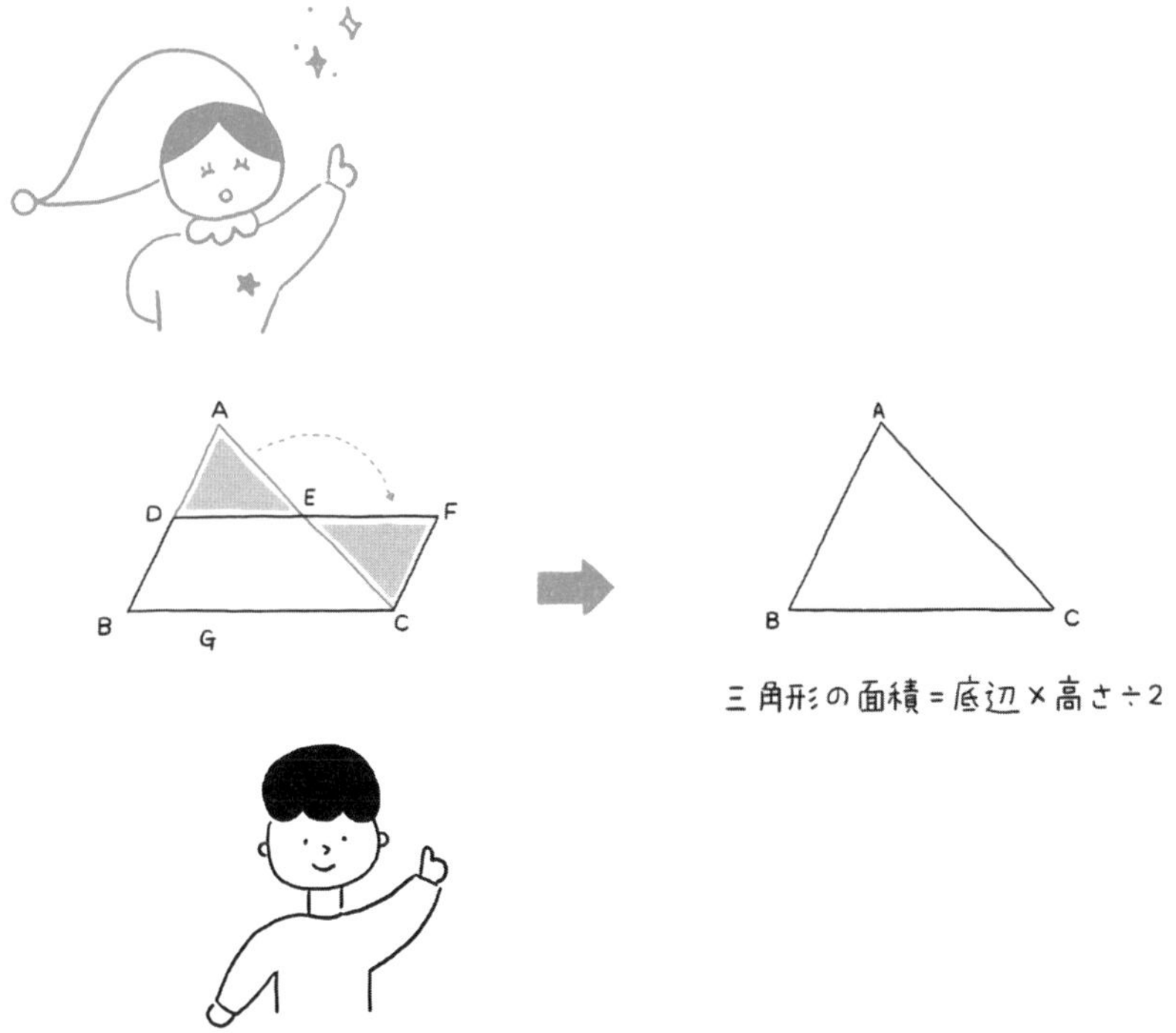

の特徴に着目して、すでにわかっている図形に変形してあげれば、面積を求められるという見方・考え方の指導も同じ。また、このプロセスでは辺の長さを式に表したり、表された式を読むことで図形の捉え方を学んだりするといった学習指導にも変化はありません。

　このように領域に分類された指導内容は、その領域の中だけで指導するものではありません。図形の面積を扱うには、面積という量を対象としながらも、図形に対する考察、式に表すといった表現、公式に一般化して捉える際には未知数もしくは変数として辺の長さを捉えるなど複数の領域の内容に関係していることがわかります。そもそも領域は、指導内容ごとの系統やつながりをわかりやすく整理したもので、ある領域の内容を指導する際に、他の領域の内容に触れてはいけないということはありません。領域が変わったからといって指導方法が変わるわけではないのです。

第2章

授業改善の視点

算数科での主体的な学びとは

算数のよさや美しさ、考える楽しさが味わえる授業が、主体的な学びの質を高める特効薬。

心動かされる場を創る
25×4＝100
25×8＝200
おもしろい！
下2桁が00だ！
25×12＝300
なぜかな？
25×32＝800
25×4＝100
だから〜

「主体的な学びを創っていきたい」と教師であれば誰でも思っているでしょう。しかし、教室の子供たちは必ずしも主体的とは言えない姿が見られます。それは、日々の授業にも一因があると考えています。

例えば、計算の場面で、「25×32の答えは？」と問いかけたとき、「800」と正解が出ると、「いいですか？」「いいです！」で話が進んでいく風景をよく見かけます。しかし、もし、「800」の声を聞いたとき、「えっ？」と聞き返したり「本当に？」「絶対？」と問い返したりしたならばどうでしょう。自ら計算の仕方を振り返り、合っていると自信が持てたならば、その正しいわけを必死で伝えようとする姿が見られます。さらに、「だって、25×4＝100　32＝4×8　だから、〜」といった数の仕組みと計算のきまりを使って説明する姿も見られます。このときの子供たちの姿は、実にいきいきと主体的です。

これは、「えっ？」「本当に？」「絶対？」の問いかけで子供たちの心が動かされ、自ら動き出そうとするエネルギーが生まれてきたからです。なぜなら、「えっ？」は、多くの場合、間違えたと

ちょっとした一言で動きが変わる

きに言われる言葉で、「えっ?」と言われたならば何か間違っているのかもといった気持ちが生まれ、振り返る場が創られてくるからです。逆に、教師からの「いいですか?」は、合っているときに多く使われるので、自分で考えず合っていると判断してしまうのです。つまり、「いいですか?」の教師の問いかけが子供たちの主体性を奪っているとも言えます。

例えば、「あれっ!」「おかしい!」「なぜかな?」「へぇ〜!」「なるほど!」といった気持ちが生まれてくる場面を創ると、子供たち自らが「問い」を持ち、積極的な関わりを持ちながら学習を進めて思考力を伸ばしていくことができます。つまり、子供たちの心が動かされる場面を創り、算数のよさや美しさ、考える楽しさが味わえる展開を行っていくことが主体的に取り組む子供を育成する上で大切なのです。

また、子供側に判断する場を持たせることも授業改善の大切な一つの観点であると言えます。そして、その場を創るための「教材」とともに、「ちょっとした一言」も大きな影響があることがわかります。

算数科での対話的な学びとは

思わず自分の考えを伝えたくなる場、伝え合ってよかったと感じる場を創る。

問題との対話
見通しがたつかな？
昨日の解き方が使えそう
答えはだいたい○
昨日の問題に似ている
求めるものは何かな？

学習指導要領では、子供たちに目指す「資質・能力」を育むために「主体的な学び」、「対話的な学び」、「深い学び」の視点での授業改善が重要であると述べられていますが、そこでの対話は他者との対話に関してのものが多く見られます。

しかし、授業改善の観点から考えると、「対話」を次の三つから考えていきたいと思っています。

対象（問題）との対話

問題の意味がわかるか、問題が解けそうか、既習の問題と似ているところはないかなど、問題を解く前に問題と対話す場を保証することが大切です。子供自身で問題に働きかける力、自分の問題に作り変える力を育てていきたいと考えます。「見通しを立てる」などがこの場に当たります。

友達や先生との対話

一般的に授業で行われているペア学習やグループ学習などがこれに当たります。ところが、現状の対話は、盛り上がることはあっても、新しいものが生まれてくることが少なく、何のための対話か、対話してよかったと感じているのか、対話の仕方を身に付けるために指導がなされているのか、などがはっきりしない場面が多いと言えま

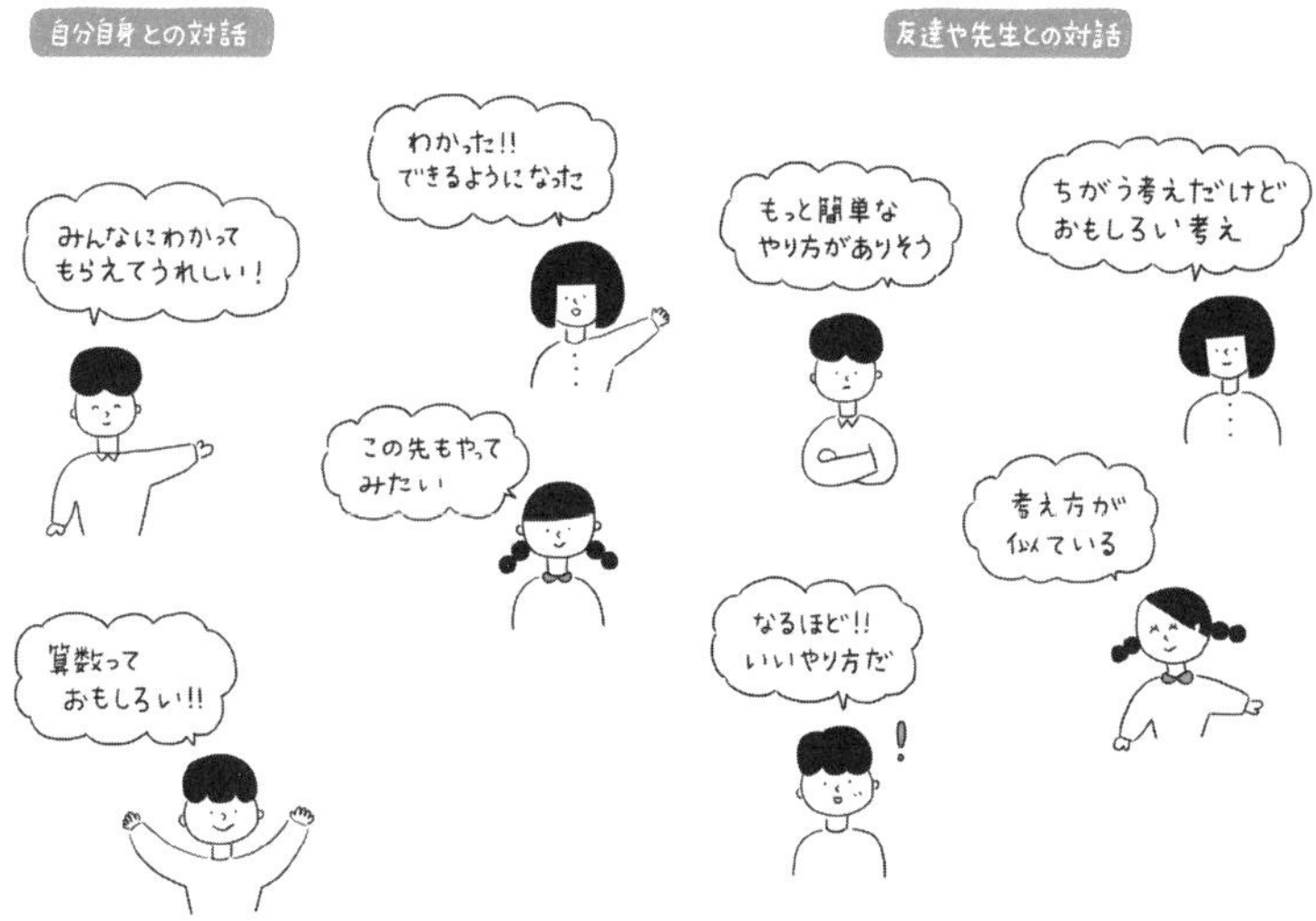
自分自身との対話
友達や先生との対話
わかった!!
できるようになった
みんなにわかって
もらえてうれしい!
もっと簡単な
やり方がありそう
ちがう考えだけど
おもしろい考え
この先もやって
みたい
考え方が
似ている
なるほど!!
いいやり方だ
算数って
おもしろい!!

す。例えば、思考した過程や結果などを伝え合う機会を設け、数学的に表現することのよさを実感できるようにするとともに、対話的に伝え合うことにより、お互いの考えをよりよいものにしたり、一人では気付くことのできなかった新たなものを見いだしたりする機会を経験できるようにすることが大切です。

自分自身との対話

自分自身との対話は、自分の成長を感じ、成就感、達成感、自己肯定感等を感じることができ、次の学びへのエネルギーを得ることができるのでとても重要です。「振り返り」が叫ばれるようになったのもその一つであると言えます。

対話的な学びで大切にしたいことは、「変容」です。対話する前と後、そして、その変容を子供自身が意識できると、学習に取り組むエネルギーがより大きなものとなり、「深い学び」へつなげていくことができます。教師のコーディネート力、板書やノートの工夫などが授業改善に大きな影響を与えるものと考えます。

学びを深めるってどんなこと?

算数のよさや美しさ、考える楽しさが味わえる、算数の本質に迫る学びで、算数好きを増やす。

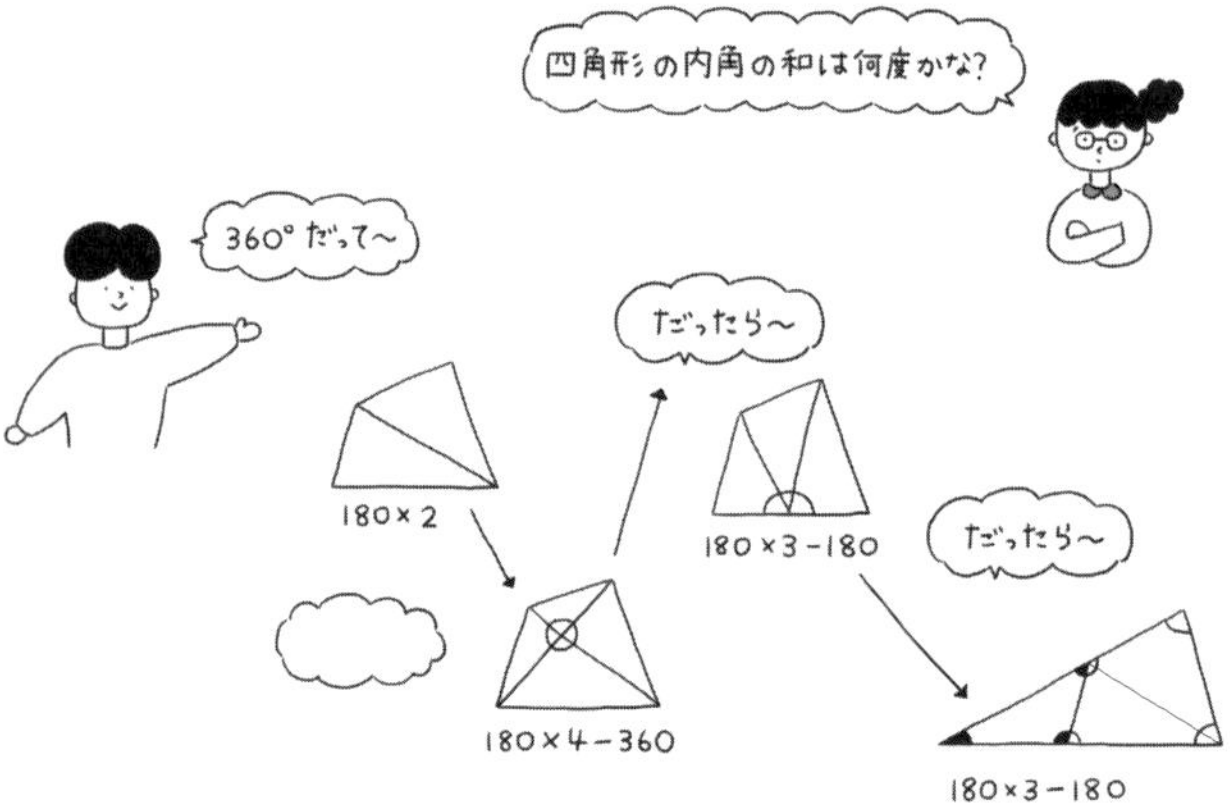
四角形の内角の和は何度かな?
360°だって〜
だったら〜
180×2
180×4−360
180×3−180
だったら〜
180×3−180

「深い学び」を算数の本質に迫る学び、つまり、算数のよさや美しさ、考える楽しさを味わう学びと考えています。したがって、「深い学び」は、この算数のよさや美しさ、考える楽しさを味わうことができる面白いもので、算数好きを増やすものと言えます。

「学びを深めるってどんなこと?」「今までの授業とどこが異なるの?」と考えたとき、今普通に行われている授業を「普通の学び」と考えて、「深い学び」について考えてみると、授業改善の視点が見えてきます。

まず授業観ですが、今までの学びは、「できる」「わかる」授業を目指していたのではないでしょうか。ある一定の基準を設け、少なくともその基準のクリアーを目指してみんなで取り組んでいく授業です。ともすると、効率化を図るあまり、一番わかりやすいやり方を身に付けていくことができるようにする指導です。ところが、「深い学び」は、「よさや美しさ、考える楽しさ」に気付き、それを味わっていく授業です。よさや楽しさは、個に応じて感じ方が異なってきます。個が感じるそれぞれの感じ方の質をより豊かなものにしてい

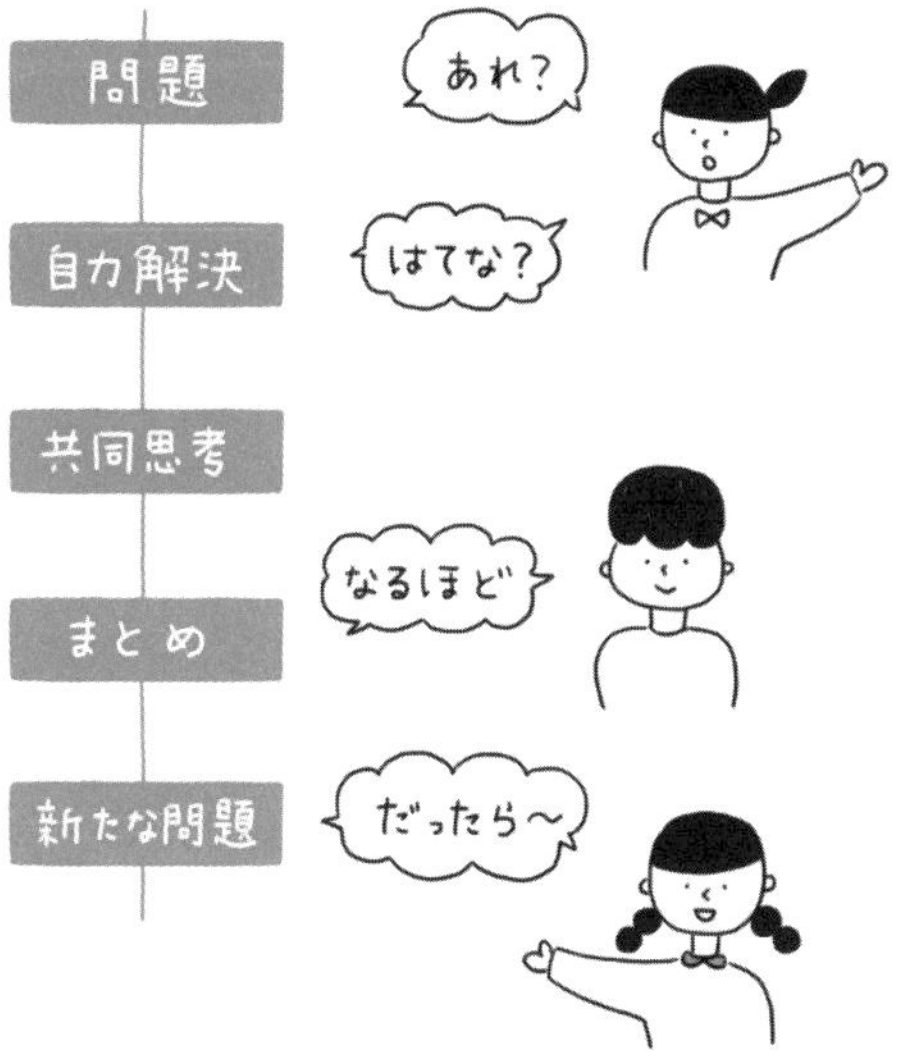

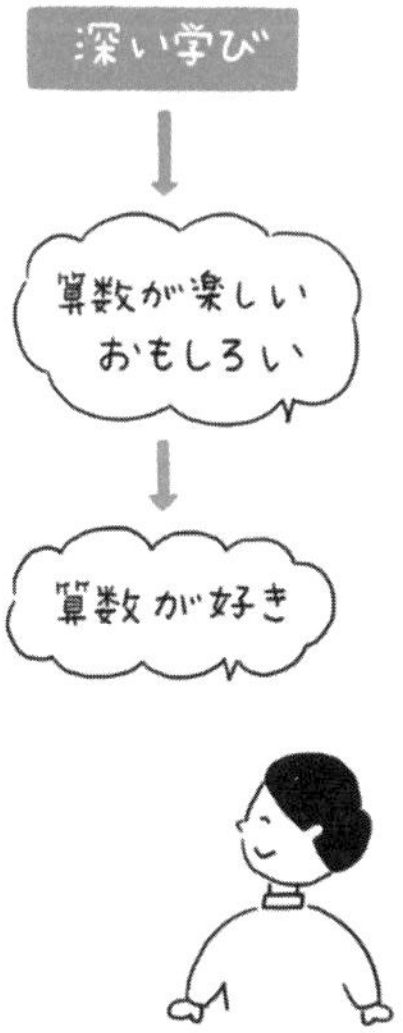

く指導が必要になってきます。例えば、よさは比べてみるとより明らかになってくるので、多様な考えを引き出して比べてみる授業づくりもその一つになってくるでしょう。

授業展開ですが、みんなで話し合い、友達の話を聞いて納得してまとめていく授業が、「わかったつもり」で終わってしまっているのではないでしょうか。聞いてわかったつもりでも実際にやってみるとできないといったことはよくあります。

例えば、「はてな?」「なるほど!」「だったら～」で授業を組み立てていったらどうでしょう。「はてな?」で自分の問題を見いだし、解決、友達の考えと比較しながら「なるほど!」と算数のよさや美しさに出会う。一つの問題を解決して終わりとするのではなく「だったら～」で、新しい問題に出会い、挑戦していく。似たような問題の解決は同じ見方・考え方を活用する場となり、算数のよさや美しさ、考える楽しさを味わう機会が多く生まれてきます。また、このような展開によって、「主体的・対話的で深い学び」の実現を図っていくことができると考えます。

生きて働く知識・技能を習得するには

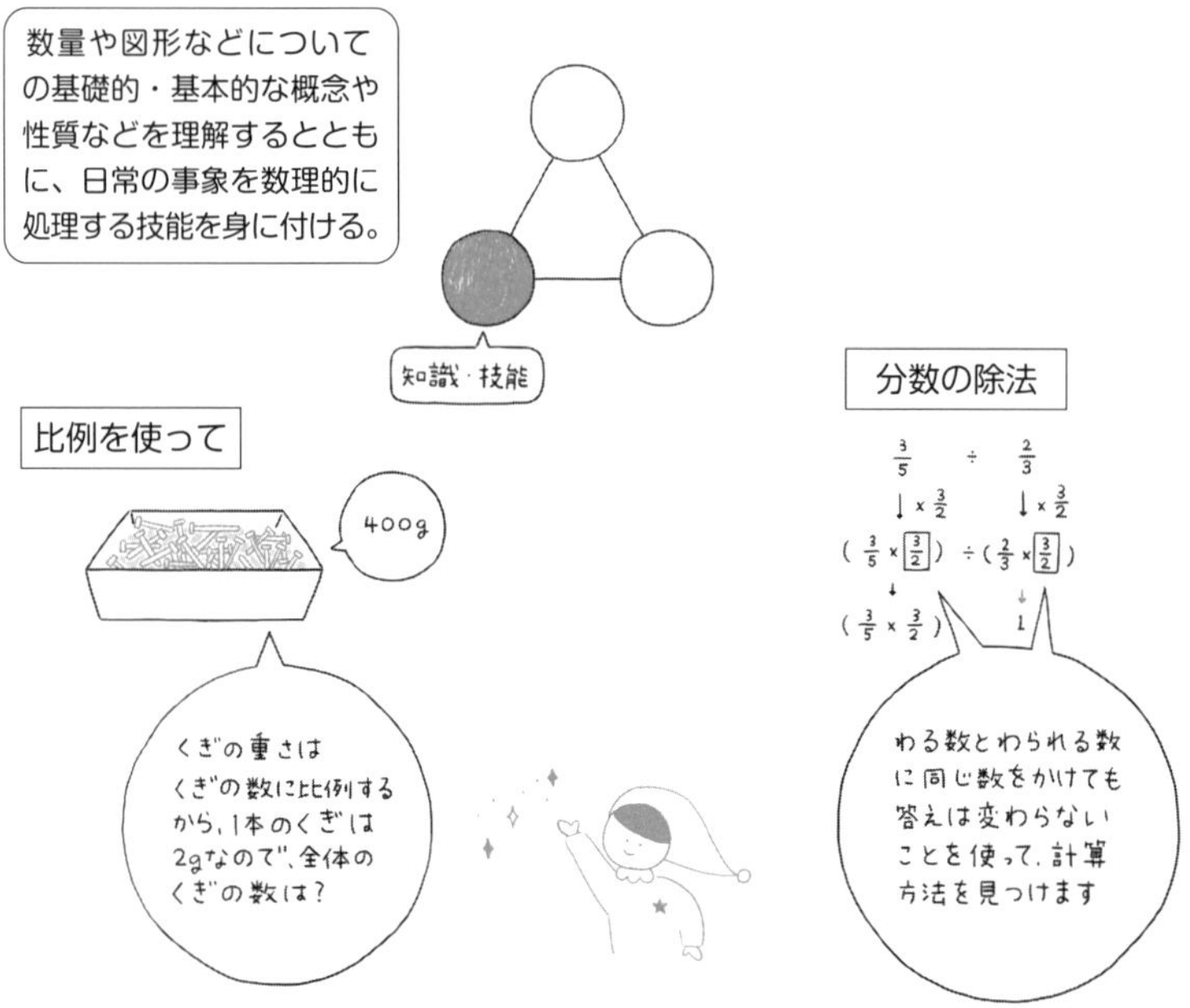
数量や図形などについての基礎的・基本的な概念や性質などを理解するとともに、日常の事象を数理的に処理する技能を身に付ける。
知識・技能
比例を使って
400g
くぎの重さはくぎの数に比例するから、1本のくぎは2gなので、全体のくぎの数は?
分数の除法
$\frac{3}{5} \div \frac{2}{3}$
$\downarrow \times \frac{3}{2}$ $\downarrow \times \frac{3}{2}$
$(\frac{3}{5} \times \frac{3}{2}) \div (\frac{2}{3} \times \frac{3}{2})$
$(\frac{3}{5} \times \frac{3}{2})$ 1
わる数とわられる数に同じ数をかけても答えは変わらないことを使って、計算方法を見つけます

算数科の学習では、子供は生活や学習の基盤となり必要不可欠な基礎的・基本的な概念や性質を習得していきます。それらは日常の生活においても、他教科等の学習においても、様々な活動の基になるものです。また、これから先の算数の学習や中学校以降の数学の学習において発展的に考えていくための基になるものだとも言えます。

基礎的・基本的な算数の内容を習得する際には、その背景にある概念や性質についての理解を深めながら、それらに裏付けられた確かな知識及び技能を習得する必要があります。そのため、授業を実施するためには、背景にある概念や性質について調べておくことが必要になります。また、知識及び技能は身に付けさえすれば十分というものではなく、実際の問題解決の際に、的確かつ能率的に用いることができるようになることが大切です。したがって、日常生活や社会における事象を数理的に捉え処理して問題を解決することに役立てられるようにしなければなりません。そのため、概念や性質についての理解を深めたり、技能の扱い方を習得した

ヒストグラム

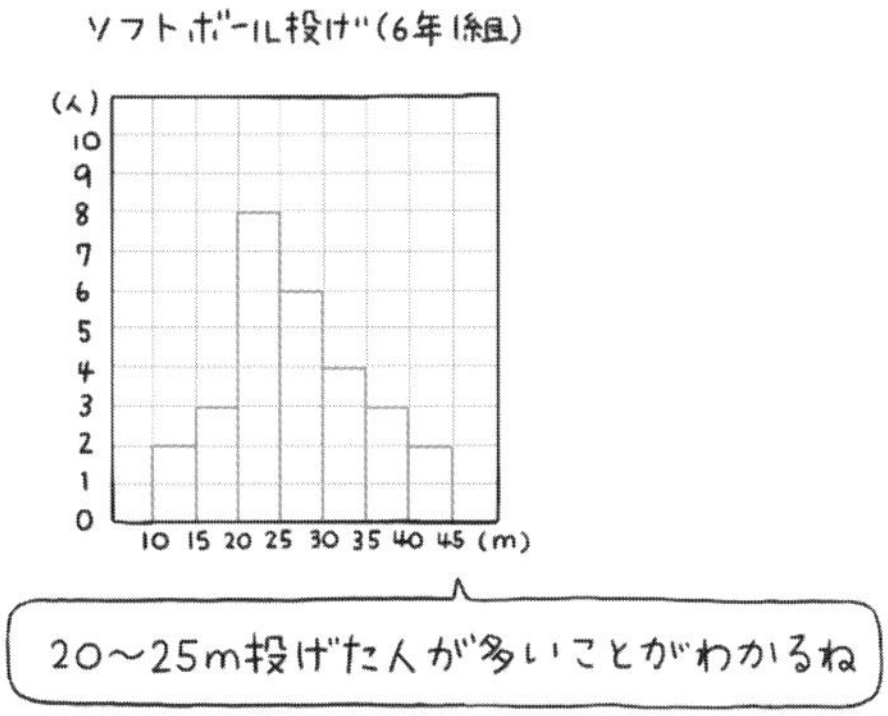
ソフトボール投げ（6年1組）
(人)
(m)
20〜25m投げた人が多いことがわかるね

対角線という用語

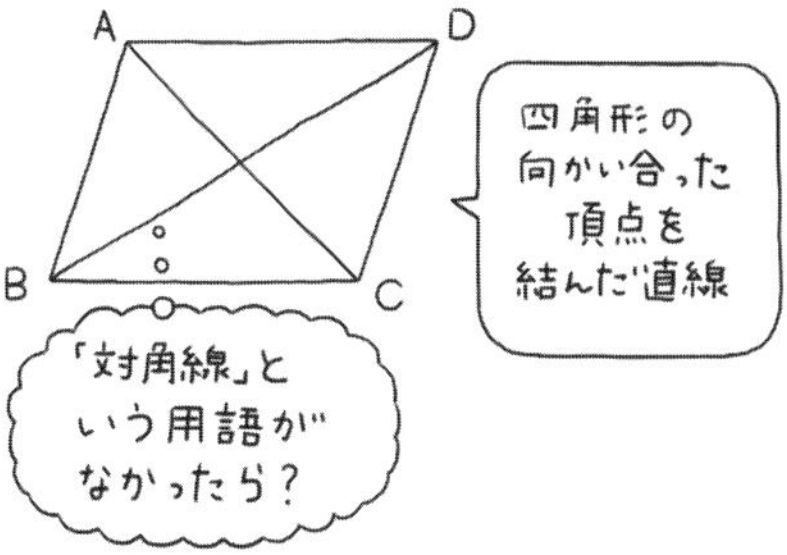
A
D
B
C
四角形の向かい合った頂点を結んだ直線
「対角線」という用語がなかったら？

りする際には、数学的活動、つまり、算数の問題解決を通して学習できるようにしていきます。また、算数の知識及び技能を問題解決において活用するためには、それらをどのように活用するか、その方法を理解しておくことも大切です。

さらに、算数の知識及び技能やそれを支える概念や原理・法則等には、用語や記号によって表現されるものが多くあります。それらのよさがわかるようにするとともに、それらを適切に用いることができるように、多くの場面で子供が使えるようにしていきます。

生きて働く知識・技能を習得するには、その場面で、確実に活用できるように習得することを目指し、活用する機会を設け、知識・技能のよさがしみじみわかるようにすることが重要です。そのために、概念や性質を理解できるようにするとともに、算数を含む教科の学習や日常生活の問題解決で活用し、その有用性を実感したり、用語や記号のよさに気付いたりできるようにする場面を設定し、そのための教材研究をして授業に位置付けることが必要です。

思考力・判断力・表現力を育成するには

日常の事象を、数理的に捉えて見通しをもち筋道を立てて考察する力、基礎的・基本的な数量や図形の性質などを見いだし統合的・発展的に考察する力、数学的な表現を用いて事象を簡潔・明瞭・的確に表したり目的に応じて柔軟に表したりする力を育成する。

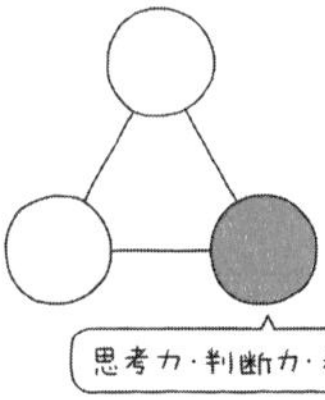

思考力・判断力・表現力

帰納・統合

水そうに入れた水の深さ（比例）

水そうに水を入れたときの、1分ごとの水の深さ

時間(分)	1	2	3	4	5	6	
水の深さ(cm)	2	4	6	8	10	12	

1分ごとに2cmずつ増えている。
(水の深さ)=(時間)×2
とまとめられます

類推・発展

80×2.3の計算の仕方

2.3mを2mと0.3mに分けて考えました。
2mの代金は、80×2＝160
0.3mの代金は、0.1mの代金の3倍。
0.1mの代金は80円の$\frac{1}{10}$
だから80÷10＝8
その3倍で8×3＝24…

10m700円のリボンの場合、1mの代金は700円の$\frac{1}{10}$と同様に考えて…

80×2$\frac{1}{3}$の場合も、×2と×$\frac{1}{3}$に分けて計算できます

算数科の学習では、問題を解決したり、物事を判断したり、推論を進めたりしていく過程で、見通しをもち筋道を立てて考えていきます。その際、様々な表現を使います。したがって、このような活動を通して、思考力・判断力・表現力を育てることができるのです。

一般的に、算数科の学習では、数学の事象における問題解決の他に、日常事象の中で、そのままでは解決できない状況について行う問題解決を扱います。後者の場合、既習の概念や原理が適用できるように問題を構成し、その問題を数学的に解決し、日常の問題を解決していきます。その際、事象を理想化したり、単純化したりすることで課題の定式化が行われます。

また、問題解決の過程において、異なる複数の事柄をある観点から捉え、それらに共通点を見いだして一つのものとして捉え直す場面がありますが、この場合、統合的な考え方が用いられます。また、物事を固定的なもの、確定的なものと考えず、絶えず考察の範囲を広げていくことで新しい知識や理解を得ようとする場面では、発展的な考え方を用いていきます。

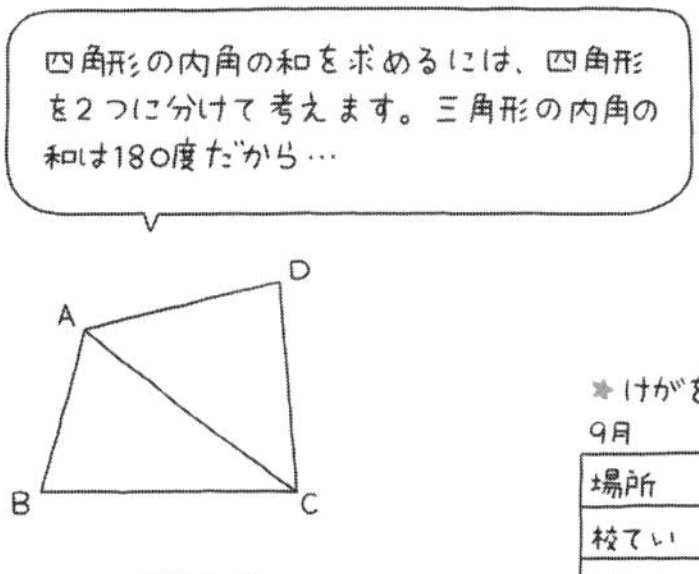
四角形の内角の和をもとめるには、四角形を２つに分けて考えます。三角形の内角の和は180度だから…
A
D
B
C

演繹

日常の問題解決

★けがをした人数

9月

場所	人数(人)
校てい	14
体いくかん	6
ろう下	4
教室	2
その他	5
合計	31

10月

場所	人数(人)
校てい	18
体いくかん	6
ろう下	8
教室	3
その他	1
合計	36

11月

場所	人数(人)
校てい	15
体いくかん	11
ろう下	5
教室	1
その他	2
合計	34

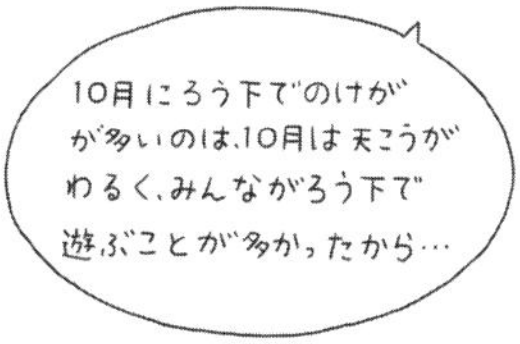
10月にろう下でのけがが多いのは、10月は天こうがわるく、みんながろう下で遊ぶことが多かったから…

さらに、事象を考察する過程で、観察したり見いだしたりした性質等を的確に表したり、考察の結果や判断等について筋道立てて説明したり、既習の算数を活用する手順を順序よく的確に説明したりする場面で、数学的な表現が使われます。数学的な表現を用いることで、事象をより簡潔、明瞭かつ的確に表現することができ、よりよい問題解決につながります。

思考力・判断力・表現力を育成するには、問題解決の場面を設定し、子供が自ら数学的活動に取り組めるようにすることが大切です。また、その問題解決で用いた数学的な見方や考え方を明確にすることで、その機能やよさを知ることができるようにし、次の問題解決の機会に、適切に活用できるようにすることが必要です。そのような一連の場面を、授業の中に組み入れて体験させせなければなりません。子供自身がじっくり考えて取り組むこと、また、見方や考え方を自覚するためにも、振り返ってみることを取り入れることが大切です。

学びに向かう力・人間性を涵養するには

数学的活動の楽しさや数学のよさに気付き、学習を振り返ってよりよく問題解決しようとする態度、算数で学んだことを生活や学習に活用しようとする態度を涵養する。

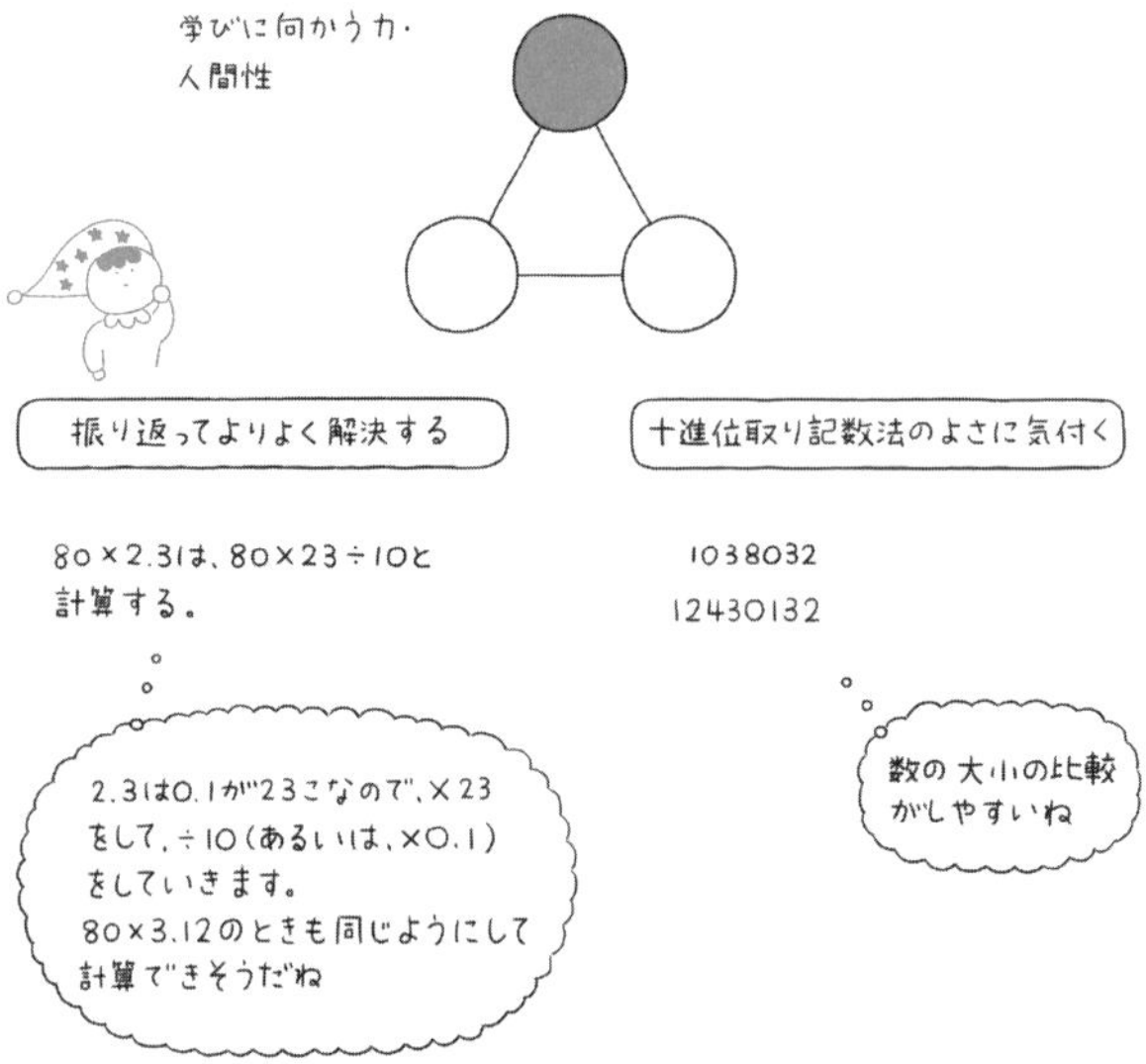
学びに向かう力・
人間性
振り返ってよりよく解決する
十進位取り記数法のよさに気付く
80×2.3は、80×23÷10と
計算する。
1038032
12430132
2.3は0.1が23こなので、×23
をして、÷10（あるいは、×0.1）
をしていきます。
80×3.12のときも同じようにして
計算できそうだね
数の大小の比較
がしやすいね

算数科の学習では、数学的活動を通して、子供が活動の楽しさに気付くことを目指しています。子供はもともと問題解決に興味をもち、積極的に取り組む姿勢をもっていると考えられます。そのため、教科の本質に関わるような算数ならではの興味深い内容が含まれる活動を準備し、それに取り組ませることが大切です。

また、数学のよさに気付くということは、数学の価値や算数を学習する意義に気付くことであり、学習意欲の喚起や学習内容の深い理解につながります。この結果、算数に対して好意的な態度が育成されることになります。このような態度の育成のためには、数量や図形の知識及び技能に含まれるよさ、数学的な思考力、判断力、表現力等に含まれるよさに気付くようにしていくのです。

さらに、算数の学習で行う、見通しをもち筋道を立てて考えていく過程では、よりよい問題解決に最後まで粘り強く取り組もうとする態度の育成を目指していくことも大切です。数学的に表現・処理したことや自らが判断したことを振り返り、状況によってはそれを批判的に検討

活動性に富む興味深い内容

正三角形の色板を下のようにならべて、
ピラミッドの形をつくります。
色板28枚では何だんになりますか。

1だんめは1枚、
2だんめは3枚、
3だんめは…？

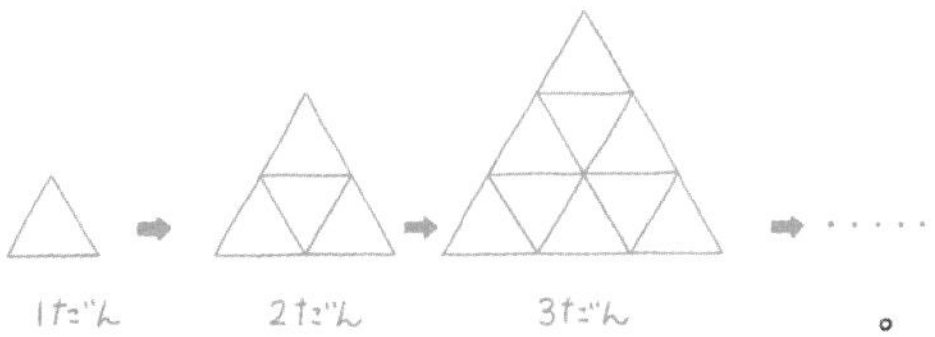

だんの数	1	2	3	
色板の数				

きまりを見つけると、色板の数が
多くなってもわかるね。
これはほかの場面でも使えそうだね

する等して、考察を深めたり多面的に分析したりします。また、数量の処理をより正確、的確かつ能率的に行ったり、図形の概念や性質を生かして事象の正しい判断をしたりする等、常によりよい結果を追い求めて、その価値を生かそうとする態度を身に付けられるようにしたいものです。

算数科の学習においては、知識及び技能を獲得したり、思考力、判断力、表現力等を身に付けたりするために、自らの学習状況を把握し、試行錯誤しながら学習を進める等、自らの学習を調整しながら、学べるようにしていきます。このように、自分の学習状況をよく知り、その上で自分の目標を決めたり決め直したりしながら、学び方を学習していくのです。

学びに向かう力・人間性を涵養するには、よさや面白さを味わえる教材を提供することが重要です。その上で、粘り強く問題解決に取り組むことを体験し、その過程で自己調整を行えるようにしていく方法を身に付けられるようにしていきます。指導助言としての声かけ等を、子供一人ひとりに応じて行うことになります。

カリキュラム・マネジメントとは

カリキュラム・マネジメントとは、教育の質を高め、学習効果を最大化することを意図し、児童の特性や地域性等を踏まえ、教育課程（カリキュラム）を編成、実施、評価、改善を計画的かつ組織的に進めることを意味します。

カリキュラム・マネジメントでは、PDCA（Plan（計画）-Do（実施）-Check（評価）-Action（改善））サイクルを回すことが鍵となります。このときのPすなわち計画は、現状分析に基づき、かつ、教員間で合意可能なものであることが重要です。

産業界においては、現状を踏まえない過大・過剰な計画は、それを達成できないがために、ひたすらPDCAを繰り返し、「PDCA疲れ」を招くだけ、ということが定説となっているようです。そのため、最近は、Check-Act-Plan-DoからなるCAPDoサイクルが注目されています。Checkでデータに基づいて現状を把握し、それを基にActで何をすべきかを考え、Planで具体的な計画を立て、Doで実行するものです。

教科の指導に関するカリキュラム・マネジメントは、自校の教育目標を踏まえつつ、自校や自学級の児童の状況を的確に捉え、教科で育成したい資質・能力を具体化し、年間指導計画、単元指導計画を立てること、それに基づいて授業を計画し実施すること、授業後に授業を省察し、次時の授業を計画したり単元計画を修正したりすることになります。

マネジメントは直訳すれば「経営」。似ている言葉に「運営」がありますが、こちらは、与えられた仕事を滞りなく進めることに主眼があるようです。せっかく作成した指導計画も、「進度管理」のためにしか利用しなかったら「運営」のためのツールどまりです。

もちろん、「進度」もカリキュラム・マネジメントの検討対象の一つです。だからこそ、学校や児童の実情に合わせて、単元にかける時間の調整、すなわち、「重み付け」を検討することがあってもよいわけです。教科書の指導書に掲載されている指導計画は、あくまで標準的なものにすぎません。カリキュラム・マネジメントこそが教師の楽しみと思えるようなことが、その本来の姿と考えたいものです。

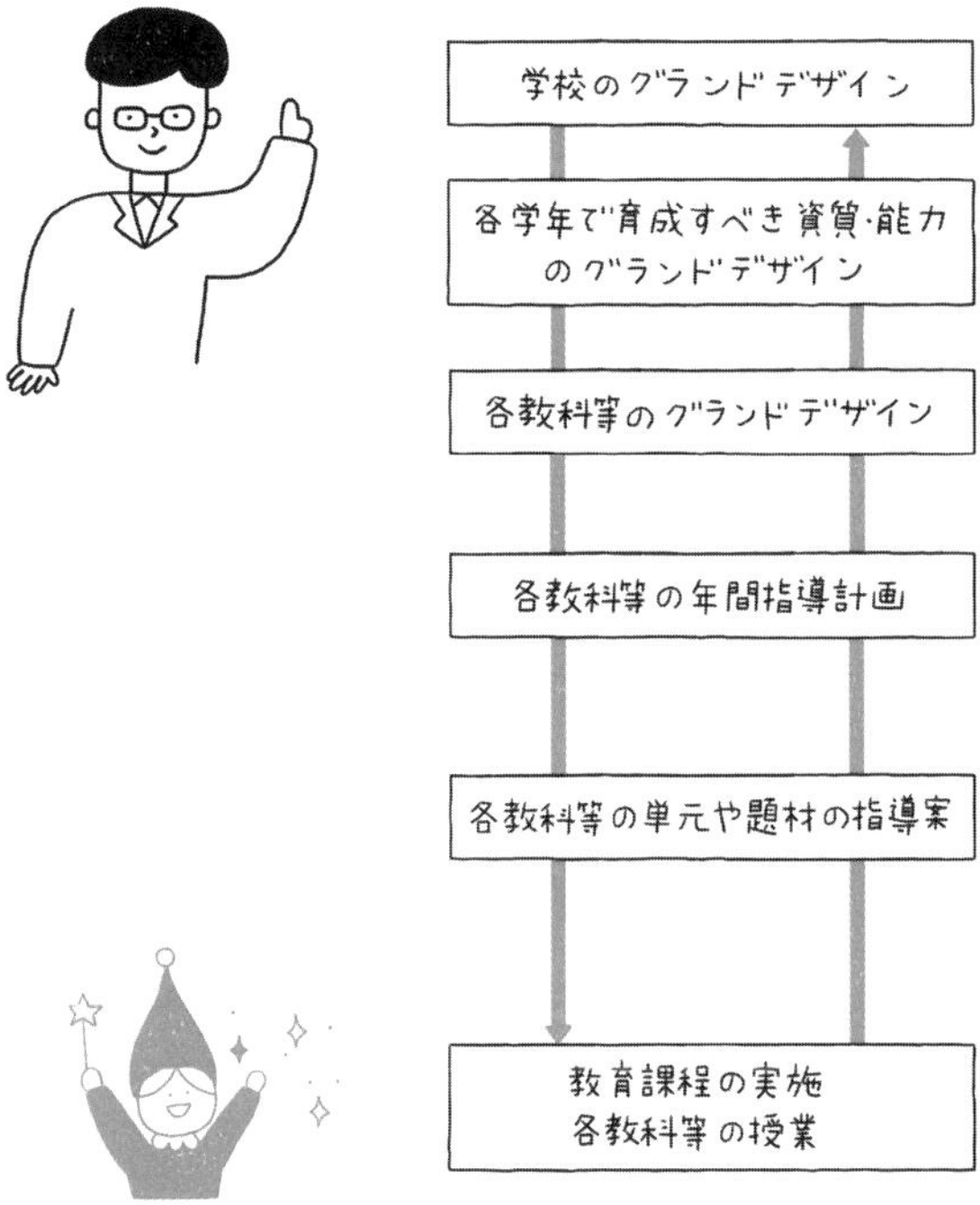
学校のグランドデザイン
各学年で育成すべき資質・能力のグランドデザイン
各教科等のグランドデザイン
各教科等の年間指導計画
各教科等の単元や題材の指導案
教育課程の実施
各教科等の授業

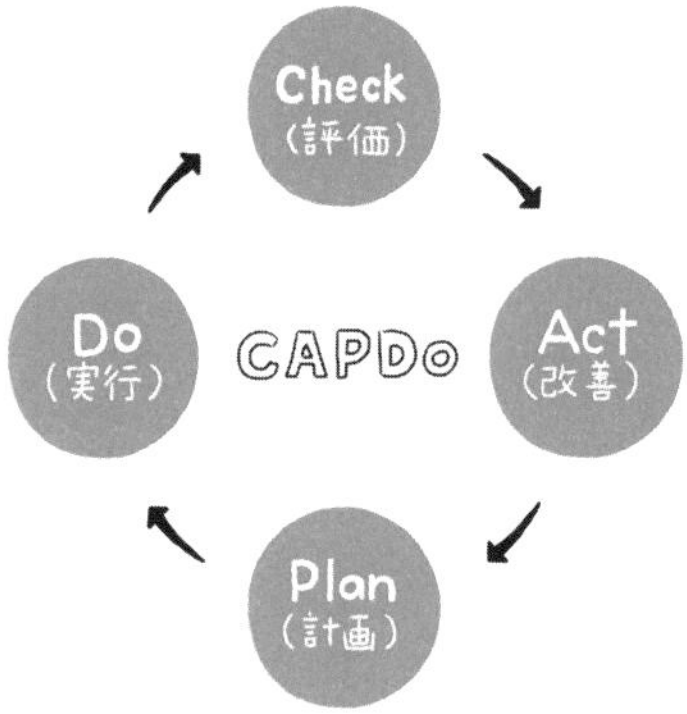
Check
(評価)
Do
(実行)
CAPDo
Act
(改善)
Plan
(計画)

カリキュラム・マネジメントで教科をつなげるには

算数の授業で、「これって算数なの？」「今日の授業、算数じゃないみたい！」と言う子供の声を聞くことがあります。日常生活や学校生活に関わる問題や他教科の話題を取り上げている授業です。子供は、教師が思う以上に、彼らなりの「算数観」をもって授業に臨んでいます。そして、その「算数観」を作っているのは、他ならぬ、日々の授業です。

一方、社会における問題解決では、問題に関わる様々な知識やアイデアを総動員し、それらを組み合わせ活用していく資質・能力が必要とされます。これは算数・数学を使って解決する問題、これは社会科の知識を使って解決する問題などとあらかじめ示されていることはありません。

もちろん、自ずと、教科の学びを総合したり統合したりし、様々な問題に活用できるようになる人もいますが、多くの人にとっては、そのこと自体も学びの対象です。それは一朝一夕にできるようになることでもありません。ここに小学校のうちから、教科間をつなげた学習を展開することの必要性や重要性があります。

とは言っても、すべての授業でそれを行うことは不可能です。そこで例えば、年度当初に、当該の学年において、各教科で学習する内容や題材を一覧表に整理することが考えられます。これをカリキュラム・マップと言うこともあります。そして、ペアになりそうな内容や題材を見つけていきます。図工の「ポスター作り」と算数の「データの活用」をペアにすれば、グラフを取り入れたポスター作りという課題を作ることができます。ポスターを作る目的を学校生活や地域生活の改善に求めれば、特別活動や社会科とつなげることも考えられます。

カリキュラム・マップは、年度はじめに一人で作ろうとするとなかなか骨の折れる仕事になります。それぞれの教師が1年間の指導をする中で、これはあれと関連付けられた、という気付きを貯めていき、年度末に申し送りをするようにするとよいかもしれません。これも学校全体で取り組むカリキュラム・マネジメントの一つとなります。

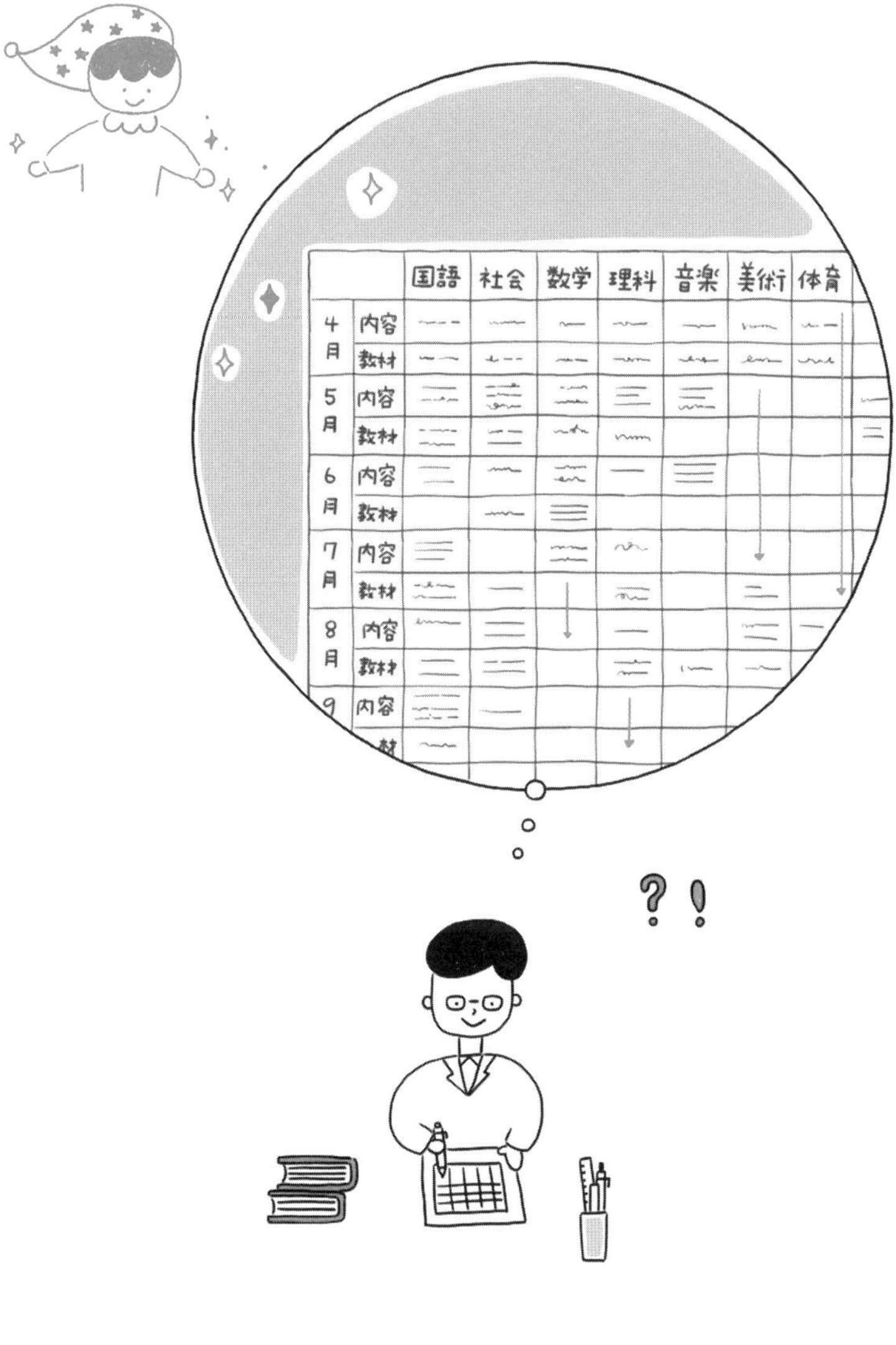
国語
社会
数学
理科
音楽
美術
体育
4月
内容
教材
5月
内容
教材
6月
内容
教材
7月
内容
教材
8月
内容
教材
内容
?!

カリキュラム・マネジメントで単元をつなげるには

数学的な見方・考え方のつながり

共通することはないかな

算数科の学習においては、「数学的な見方・考え方」を働かせながら、知識及び技能を習得したり、習得した知識及び技能を活用して探究したりすることにより、生きて働く知識となり、技能の習熟・熟達にもつながるとともに、より広い領域や複雑な事象について思考・判断・表現できる力が育成され、このような学習を通じて、「数学的な見方・考え方」がさらに豊かで確かなものとなっていくと考えられています（学習指導要領解説算数編、P.7）。

学習の系統が比較的はっきりしている算数科においては、単元間のつながりはこれまでも意識されてきましたが、上述の点からは、「数学的な見方・考え方」のつながりが重要な視点となります。

例えば、4年生の「平行四辺形、ひし形、台形」の学習では、児童はどのような「数学的な見方・考え方」を働かせるでしょうか。直前に学習する平行や垂直といった直線の位置関係に関する見方・考え方だけでしょうか。2年生の正方形・長方形、3年生の二等辺三角形・正三角形の学習で、図形の構成要素間の関係、すなわち、辺の長さの相等や角の大きさの相等に着目することで四

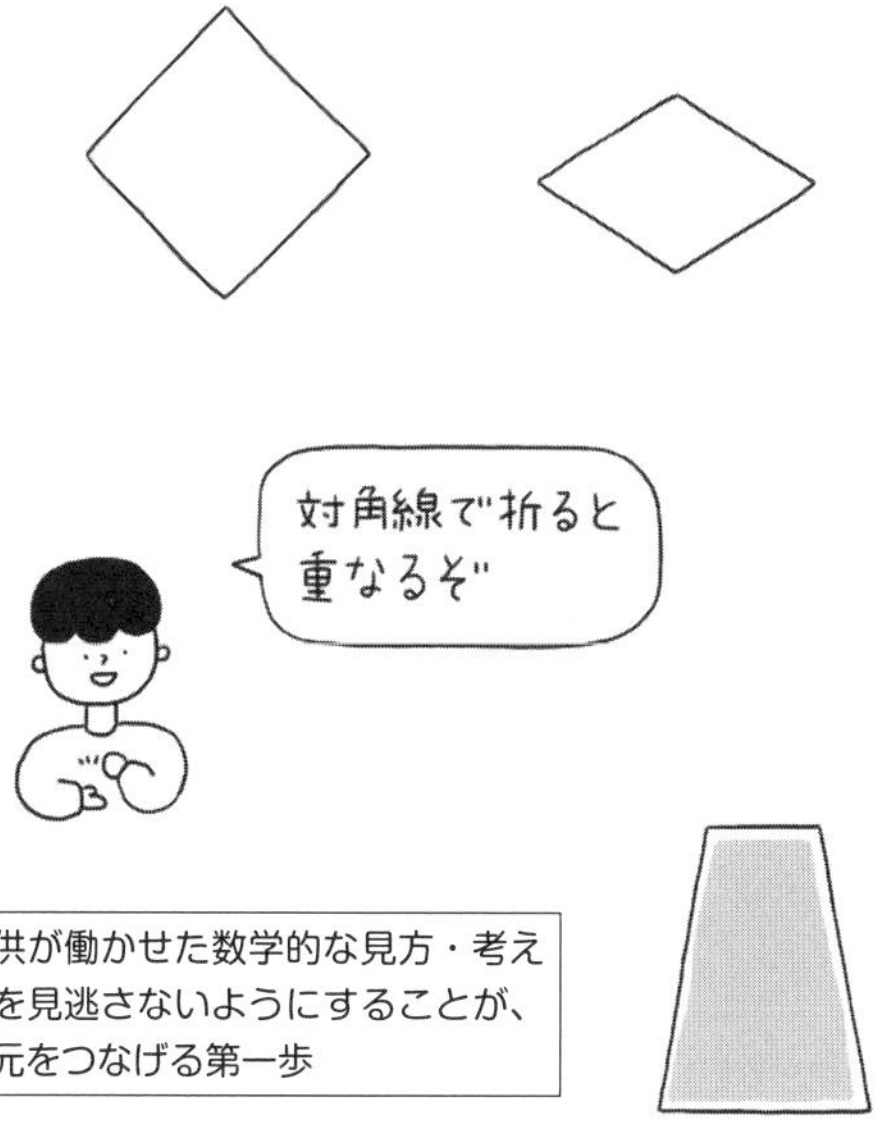

子供が働かせた数学的な見方・考え方を見逃さないようにすることが、単元をつなげる第一歩

角形や三角形を弁別できることを想起できる児童であれば、「対角線で折ったとき重なる」いった対称性に着目するかもしれません。それは、平行四辺形と台形の弁別には有効ではないとしても、図形に対する重要な見方です。実際、この見方に基づいて、「正方形とひし形は同じ仲間」と見たことは、将来、ひし形の面積の公式が正方形に適用できるという気付きにつながるかもしれません。

このような、子供が働かせた数学的な見方・考え方を見逃さないようにすること、そのために教師が数学的な見方・考え方のつながりをしっかりと把握しておくことが、単元をつなげる第一歩です。

また、単元をつなげる主体は教師でなく、児童です。より多くの子供が、新たな内容に対峙したいときに数学的な見方・考え方を働かせることができるように育てていく必要があります。そのためには、授業のまとめにおいて、どのような見方や考え方が大事だったのか、それはこれまでのどのような学習と関連していたのかなども適宜まとめるとともに、学年が変わっても児童がそれを振り返れるような工夫をしておくとよいでしょう。

カリキュラム・マネジメントで授業をつなげるには

学習指導要領では、小・中・高校を通して、「算数・数学の問題発見・解決の過程」が重視されています。それには、数学の事象から問題を見いだし、数学的な推論などによって問題を解決し、解決の過程や結果を振り返って統合的・発展的、体系的に考察する過程があります。

もちろん、毎時間、これらの過程のすべてを実現することは不可能です。そこで必要になるのがカリキュラム・マネジメントです。例えば、数時間を単位として、前者の過程をたどるように授業を計画することが考えられます。そのとき、大切にしたいことは、子供の疑問や次に考えたいことを基に授業をつなげていくことです。具体的には、ある問題を解決した後に、「次にどんなことを考えたい？」「変えてみたい条件はない？」などと問い、それらの声を基に次時を展開したり、いくつかの問題の解決を振り返り、共通点に気付かせ一般化の契機としたりすることなどが考えられます。ときには、当該の単元や学年を超える疑問や発展の芽があがってくることもあるかもしれません。そのようなときは、それを子供たちにもわかる形で「とっておく」ことで、単元をつなげることに役立てることもできます。

日常生活や社会の事象などを数理的に捉え、数学的に表現・処理し、問題を解決し、解決過程を振り返り得られた結果の意味を考察する過程については、単元末に「活用」として扱うだけではなく、単元のはじめや途中に設定することも考えられます。また、その解決過程に新たな概念や方法をつくり上げる活動を位置付けることも考えられます。これは、冒頭に挙げた二つの過程を言わば8の字にたどるような授業計画となります。

教科書をベースにしながらも、単元のデザインを工夫することで、子供の資質・能力を一層伸ばすことができるはずです。

図の矢印を8の字に
たどるような授業計画
も考えられます

算数・数学の学習過程のイメージ

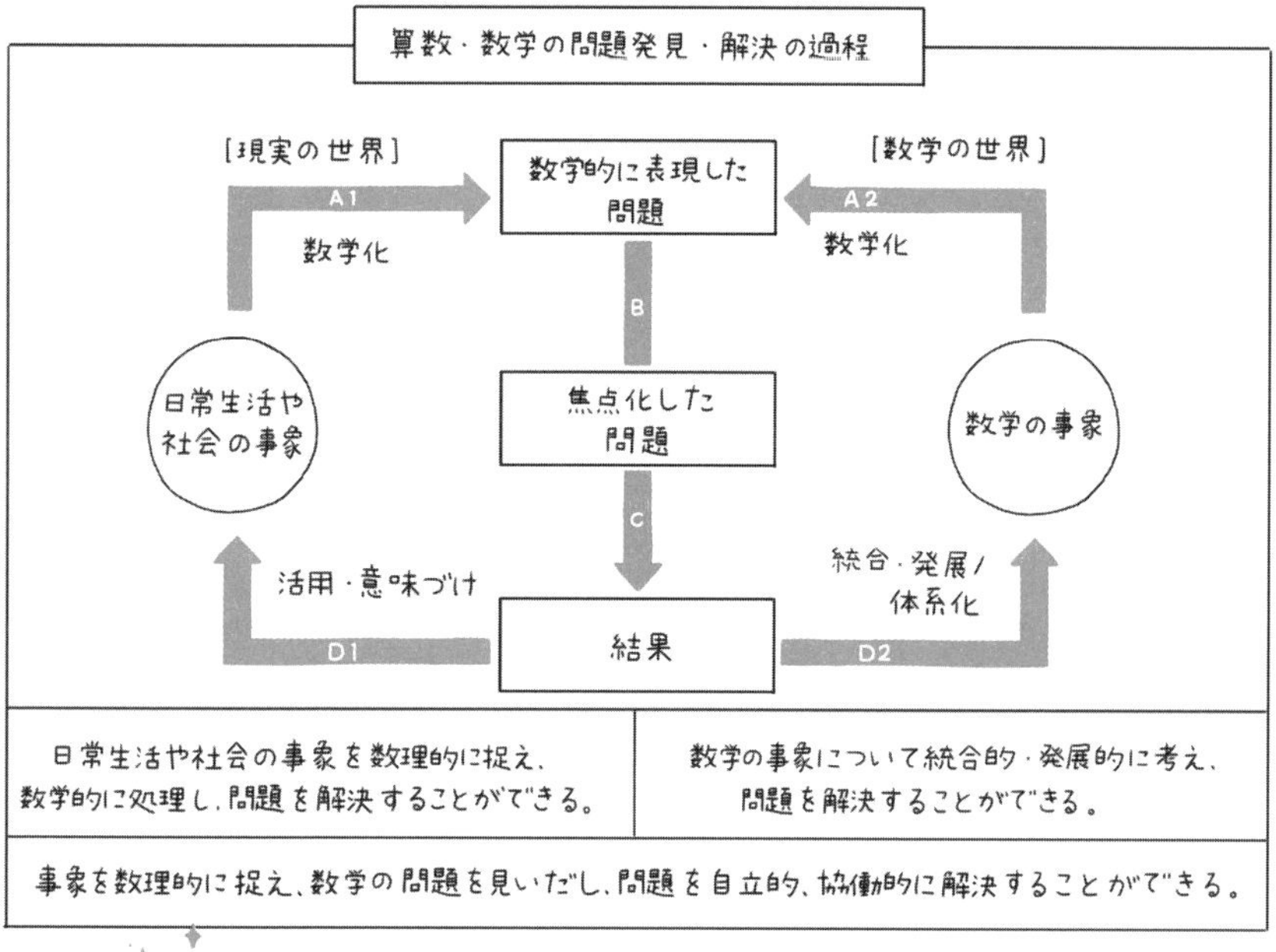
算数・数学の問題発見・解決の過程
[現実の世界]
[数学の世界]
数学的に表現した問題
A1
A2
数学化
数学化
B
日常生活や社会の事象
焦点化した問題
数学の事象
C
活用・意味づけ
統合・発展／体系化
結果
D1
D2
日常生活や社会の事象を数理的に捉え、数学的に処理し、問題を解決することができる。
数学の事象について統合的・発展的に考え、問題を解決することができる。
事象を数理的に捉え、数学の問題を見いだし、問題を自立的、協働的に解決することができる。

第３章

学習評価

観点別評価の新しい観点はどうなるの？

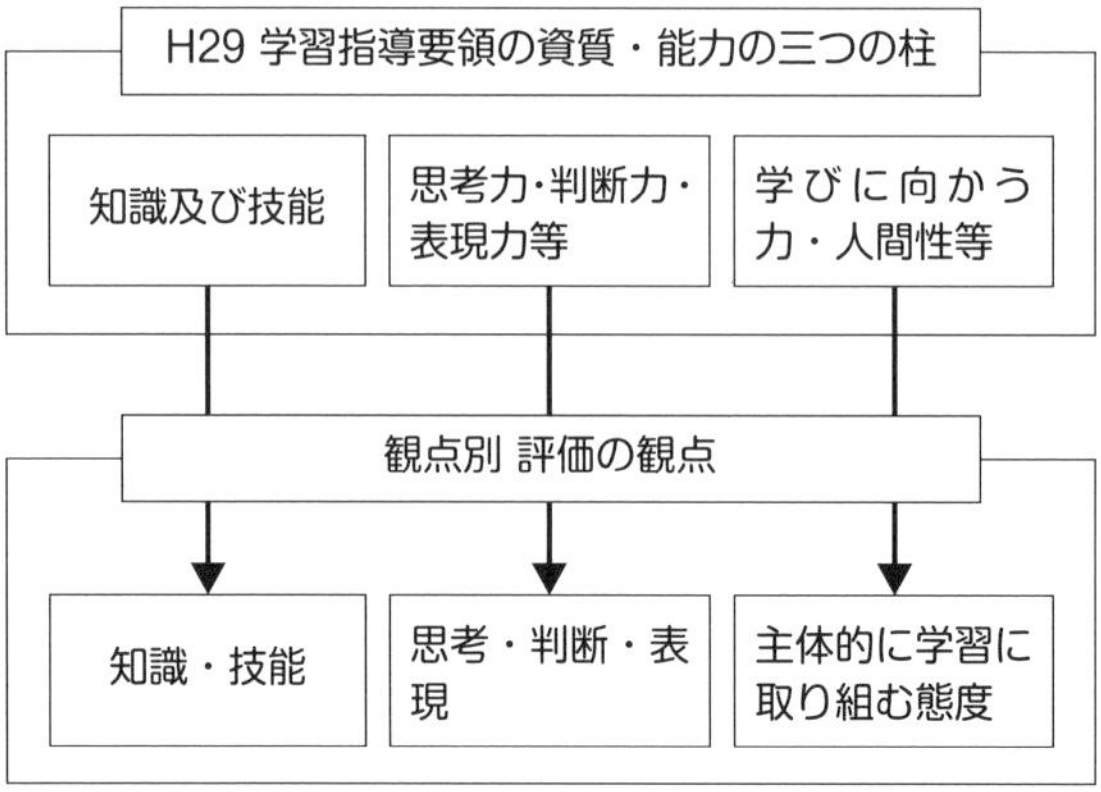

これまでの観点別評価では、「算数への関心・意欲・態度」「数学的な考え方」「数量や図形についての技能」「数量や図形についての知識・理解」という四つの評価の観点が設定されていました。

他方、平成29年改訂の学習指導要領では、算数科の目標や内容が「知識及び技能」「思考力、表現力、判断力等」「学びに向かう力・人間性等」の資質・能力の三つの柱で整理されました。これに伴い、観点別評価の評価の観点も三つの観点「知識・技能」「思考・判断・表現」「主体的に学習に取り組む態度」に整理されることになりました。

「知識・技能」は、算数の内容の知識・理解や技能を評価するための観点です。第5学年の「面積」の単元の「台形の面積」では、「必要な部分の長さを用いることで、台形の面積は計算によって求めることができることを理解している」「台形の面積を公式を用いて求めることができる」などが評価規準の例となります。観点の名称は「知識・技能」ですが、「知っている」「できる」ということとともに、「わかっている」という理解の側面

も評価しなければならないことに注意が必要です。

「思考・判断・表現」は、筋道立てて考えることや、数学ならではの表現を使って表現することを評価するための観点です。「台形の面積」では、「台形の面積の求め方を、求積可能な図形の面積の求め方を基に考えている」「見いだした求積方法や式表現を振り返り、簡潔かつ的確な表現を見いだしている」などが評価規準の例となります。

「主体的に学習に取り組む態度」には、「知識及び技能を獲得したり、思考力、判断力、表現力等を身に付けたりすることに向けた粘り強い取組を行おうとしている側面」と、「その取組を行う中で、自らの学習を調整しようという側面」があります。「台形の面積」では、「見いだした台形の求積方法や式表現を振り返り、簡潔かつ的確な表現に高めようとしている」などが評価規準の例になります。台形の面積を求めることに関心をもっているということにとどまらず、その前の平行四辺形などの面積の学習を踏まえながら、台形の面積の求積に粘り強く取り組み、自らの学習をより豊かなものにしようとしているかどうかを見取る必要があります。

指導要録の書き方は変わるの？

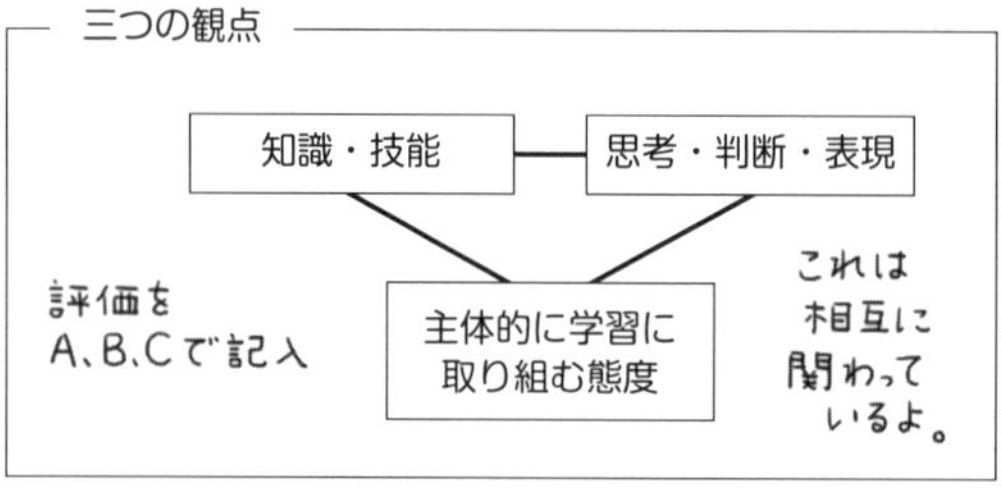
三つの観点
知識・技能
思考・判断・表現
主体的に学習に取り組む態度
評価を A、B、Cで記入
これは相互に関わっているよ。

指導要録の各教科の学習の記録

算数	知識・技能	C
	思考・判断・表現	C
	主体的に学習に取り組む態度	A

自己調整がAで他はCとは？

		A
		A
		C

粘り強く取り組まなくても他はA？

CCAやAACの傾向があるときは、教師が学習の進め方を指導する必要あり！

前項で説明した通り、観点別評価の評価の観点が三つの観点「知識・技能」「思考・判断・表現」「主体的に学習に取り組む態度」に整理されましたので、指導要録の「観点別学習状況」の欄には、各観点ごとに「十分満足できる」状況と判断されるものをA、「おおむね満足できる」状況と判断されるものをB、「努力を要する」状況と判断されるものをCと記入します。「主体的に学習に取り組む態度」の二つの側面「粘り強い取組を行おうとする側面」と「自らの学習を調整しようとする側面」とは、算数科の学習の中で別々ではなく相互に関わり合いながら表れると考えられます。「自らの学習を見直して改善することなく粘り強く考える姿」や「粘り強く取り組んでいないにもかかわらず、自らの学習を見直し、改善する姿」は一般的ではないと考えられます。

さらには、これらの二つの側面が発揮されれば、「知識・技能」や「思考・判断・表現」が高まることが期待されます。したがって、「知識・技能」「思考・判断・表現」「主体的

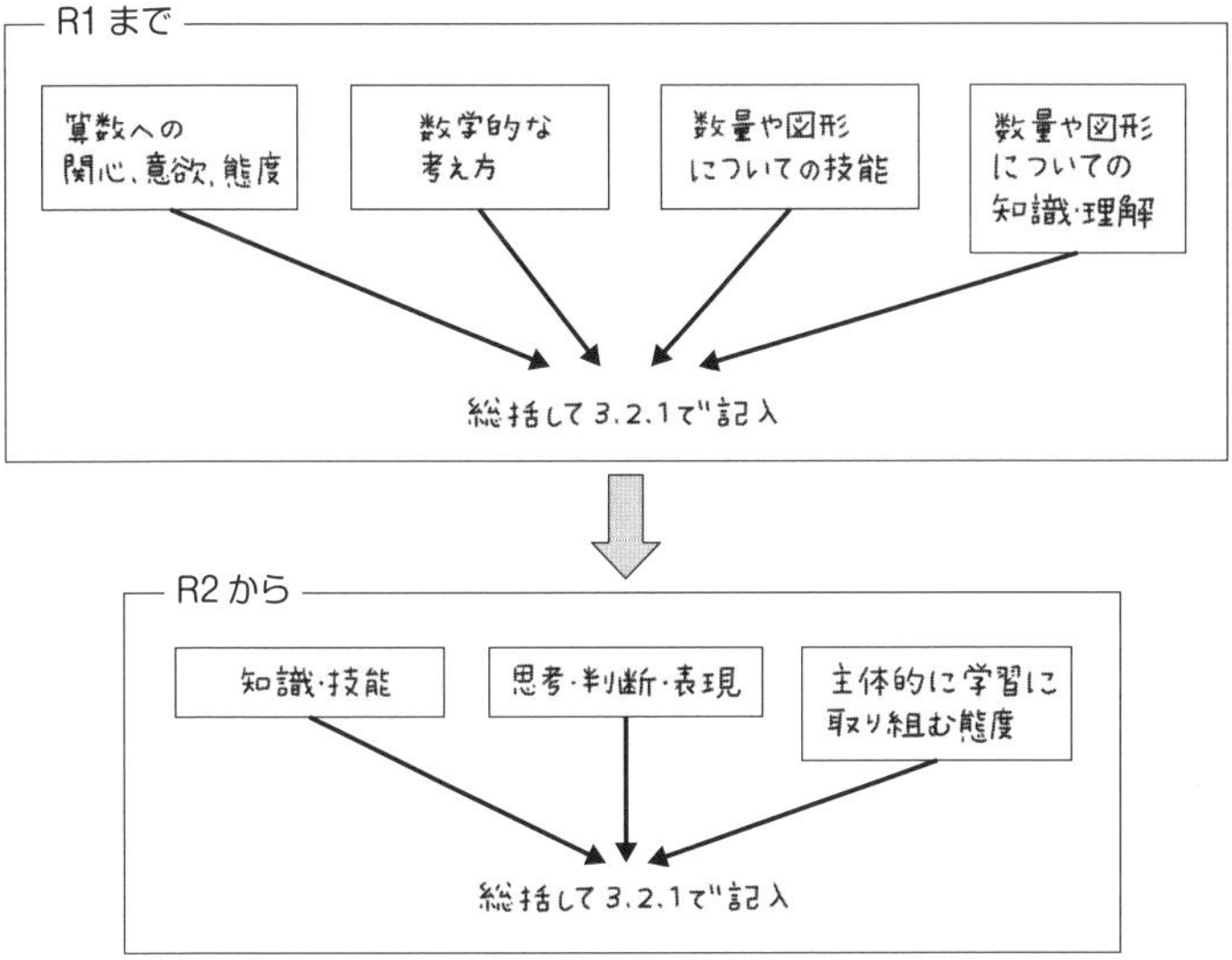
R1まで
算数への
関心、意欲、態度
数学的な
考え方
数量や図形
についての技能
数量や図形
についての
知識・理解
総括して3、2、1で記入
R2から
知識・技能
思考・判断・表現
主体的に学習に
取り組む態度
総括して3、2、1で記入

評定を総括する方法は各学校で決定!

に学習に取り組む態度」の評価が順に「CCA」や「AAC」となることは希であり、こうした傾向があるときは、教師が学習の進め方を指導する必要があります。

また、「評定」の欄には、各観点の結果を総括して、「十分満足できる」状況と判断されるものを3、「おおむね満足できる」状況と判断されるものを2、「努力を要する」状況と判断されるものを1と記入します。これまでは、四つの観点を3、2、1に総括していましたが、これからは三つの観点を3、2、1に総括することになります。形式的に考えると情意面の評価「主体的に学習に取り組む態度」のウエイトが大きくなってしまいます。資質・能力の三つの柱はすべて重要ですが、この三つの観点に重みを付け、評定として総括する方法については、各学校で定めることになっています。なお、「主体的に学習に取り組む態度」は評価が難しい観点ですので、特筆すべき事項がある場合は「総合所見及び指導上参考となる諸事項」の欄において評価を記述することも考えられます。

全国学力・学習状況調査の枠組みは変わるの？

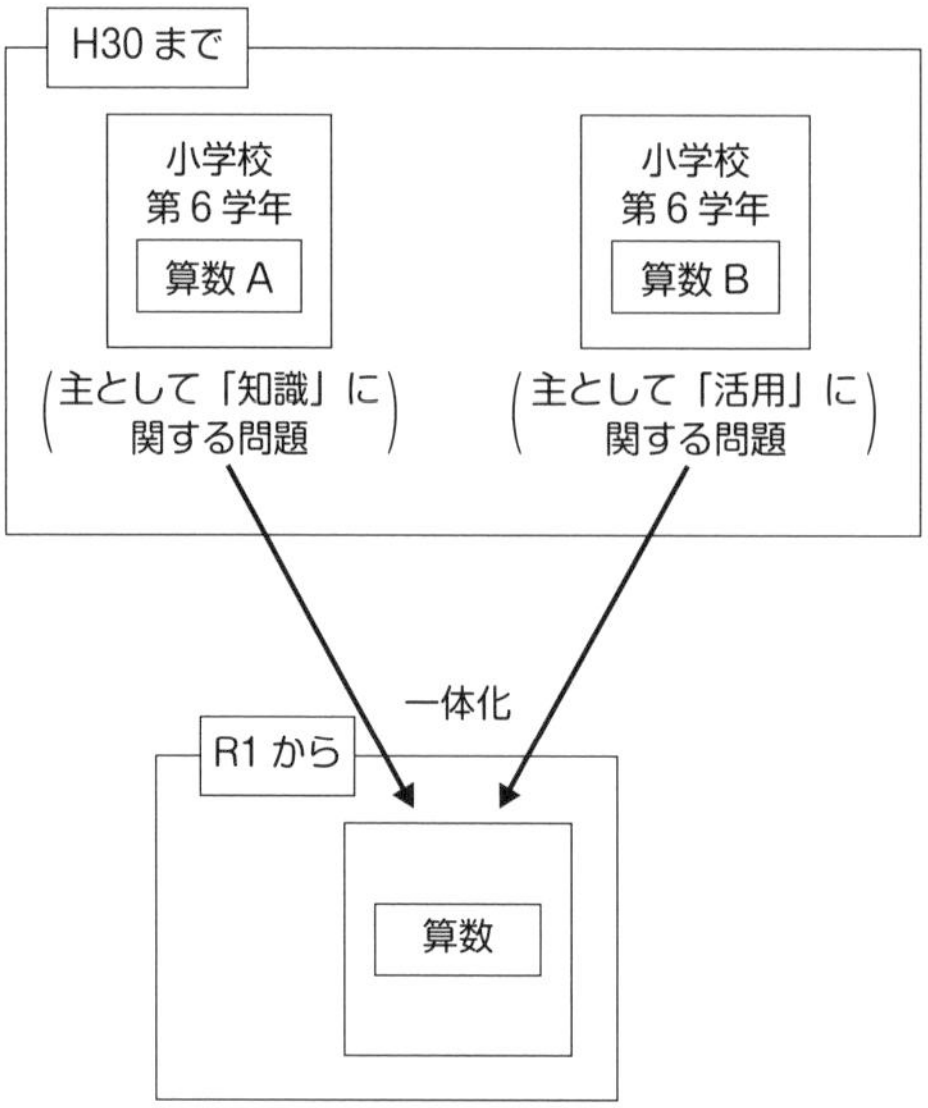
H30まで
小学校
第6学年
算数A
主として「知識」に関する問題
小学校
第6学年
算数B
主として「活用」に関する問題
一体化
R1から
算数

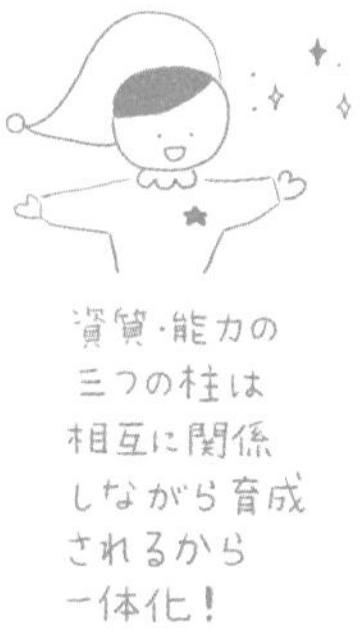
資質・能力の三つの柱は相互に関係しながら育成されるから一体化！

平成29年に告示された学習指導要領では、資質・能力の三つの柱「知識及び技能」「思考力、表現力、判断力等」「学びに向かう力・人間性等」が相互に関係し合いながら育成されるものという考え方に立っています。これらの考え方に沿って、平成31年4月18日に実施された全国学力・学習状況調査では、それまでの区分「主として『知識』に関する問題」（A問題）と「主として『活用』に関する問題」（B問題）を見直して、調査問題が一体的に構成されています。また、『解説資料』に示されている「調査問題の枠組み」は、「算数科の内容（領域）」「主たる評価の観点」「算数・数学の問題発見・解決の過程における局面」という三つの視点から整理されています。

令和3年度からの調査では、算数科の内容（領域）は、学習指導要領の内容（領域）（「数と計算」「図形」「測定」「変化と関係」「データの活用」）に、主たる評価の観点は、新しい評価の観点（「知識・技能」「思考・判断・表現」）に置き換えられています。

「算数・数学の問題発見・解決の過程における局面」

H30まで

「活用」の問題の観点

・物事を数・量・形などに着目して捉えること
・与えられた情報の分類整理、必要なものを適切に選択
・筋道立てて考えたり、振り返って考えたりすること
・自分の考えを数学的に表現　など

場面
◦算数科固有
◦他教科関連
◦日常生活

R1から

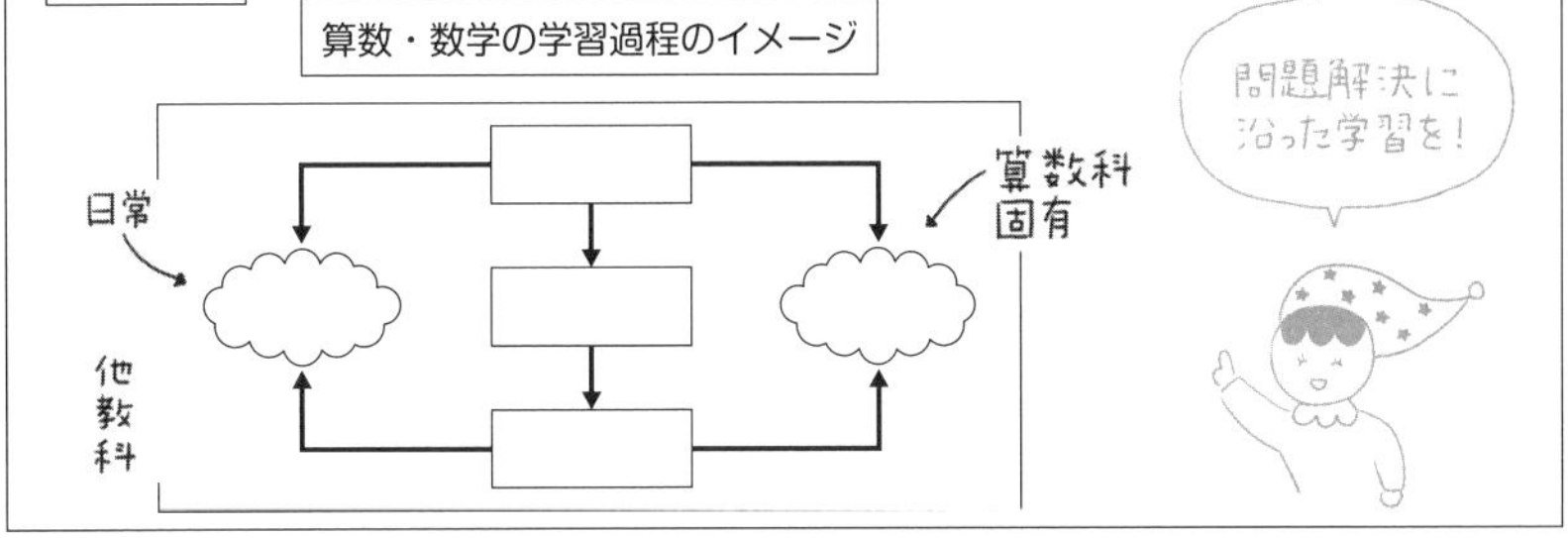

は、学習指導要領で重視している「算数・数学の学習過程のイメージ」を先取りしていると言えます。これまでの調査でも、「物事を数・量・図形などに着目して観察し的確に捉えること」「与えられた情報を分類整理したり必要なものを適切に選択したりすること」「筋道を立てて考えたり振り返って考えたりすること」「事象を数学的に解釈したり自分の考えを数学的に表現したりすること」などの観点から問題が作成されていましたが、「算数・数学の学習過程のイメージ」が枠組みに位置付けられたことで、「問題解決の過程に沿った学習の充実」というメッセージがさらに明確になりました。

なお、これまでの調査で想定されていた問題場面については、「算数科固有の問題状況」が「数学の事象から始まる問題発見・解決の過程」に、「他教科等の学習の問題状況」や「日常生活の問題状況」が「日常生活の事象から始まる問題発見・解決の過程」に深く関わっています。

知識・技能の評価はどうするの？

「指導に生かすための評価」と「記録に残す評価」

単元を通して繰り返し出てくる評価の内容について、毎回の授業で、クラスの児童全員の学習状況を記録に残すことは大変なことです。そこで、主に「努力を要する」児童の学習状況を確認することに努め、その後の指導に生かすための、評価の機会とします。学級の児童全員の学習状況について、総括の資料にするために記録に残す評価を行う機会とは区別して評価をします。

ねらいに応じて、評価項目を精選

算数科では、毎時間すべての子供に対して、三つの観点すべてについて評価のための情報を収集することは行いません。授業中に、三観点すべてをチェックするご自分の姿を想像してみてください。自力解決中に机間巡視・指導をしつつ、発表検討・練り上げ場面で、座席表に「十分満足」「満足」「努力を要する」を記入し、授業後に学習感想の添削をする。どうでしょう。できないことはないかもしれませんが、かなり無理があると思いませんか。では、どのように評価を行うのでしょうか。

単元の目標を分析し、各時間のねらいとしてふさわしい一～二観点に評価項目を精選し、評価を行う

ようにします。この時間は、「知識・技能」について、この時間は「思考・判断・表現」と「態度」のような感じです。

「知識・技能」の評価について

「知識・技能」の評価に適する方法としては、「①児童の活動の様子やノート等の記述内容の観察による評価の方法」「②ペーパーテストによる評価の方法」が考えられます。

①、②ともに、一時間の授業の中のどの場面で、またはペーパーテストの解決方法として、どんな児童の姿、解決方法が見られれば、「おおむね満足できる」状況と評価するのか、また、その評価資料をどんな方法で収集するのかを計画しておくことが重要です。「知識・技能」については、「記録に残す」評価を行う機会を単元の後半に設定するとよいでしょう。なぜなら、算数科における知識は単元を通して繰り返し使う中で、定着し理解が深まり、また技能も繰り返し使うことで習熟し、生きて働く確かなものとなっていくからです。「努力を要する」状況と考えられる児童には確実に習得できるように指導の補完を行うことが大切です。

思考・判断・表現の評価はどうするの？

「思考・判断・表現」と
「主体的に学習に取り組む態度」の評価関係

	思考・判断・表現	主体的に学習に取り組む態度
評価規準		
「おおむね満足できる」状況		
「十分満足できる」状況		

「思考・判断・表現」（以下、「思考力」）の評価にも、「指導に生かすための評価」と「記録に残す評価」があります。指導に生かすための評価は、導入時の子供とのやりとりや、机間指導時に行われることが多く、「努力を要する」学習状況の児童を把握しつつ、その後の授業展開を構築していくのに用います。「導入時の子供とのやりとり」と聞き、不思議に思うかもしれません。実は、導入時や課題を提示したときに子供が呟く何気ない一言は、子供の課題把握の状況を端的に表していることが多いため、指導に生かすための評価の貴重な機会なのです。

「思考力」の評価について

「思考力」の評価は、大雑把に言えば、既習事項を基にして問題を解決していれば、「おおむね満足できる」学習状況、既習事項を基にして、複数の方法で考えた上で、どのように考えたか等の説明が見られる場合は、「十分満足できる」学習状況と考えることができます。

実際に子供たちと授業をしていると、一通りの解決方法を導き出したことで満足してしまっている子によく出会います。このような子には、「その解決方法で本当に合っているのかな」や「確認のため

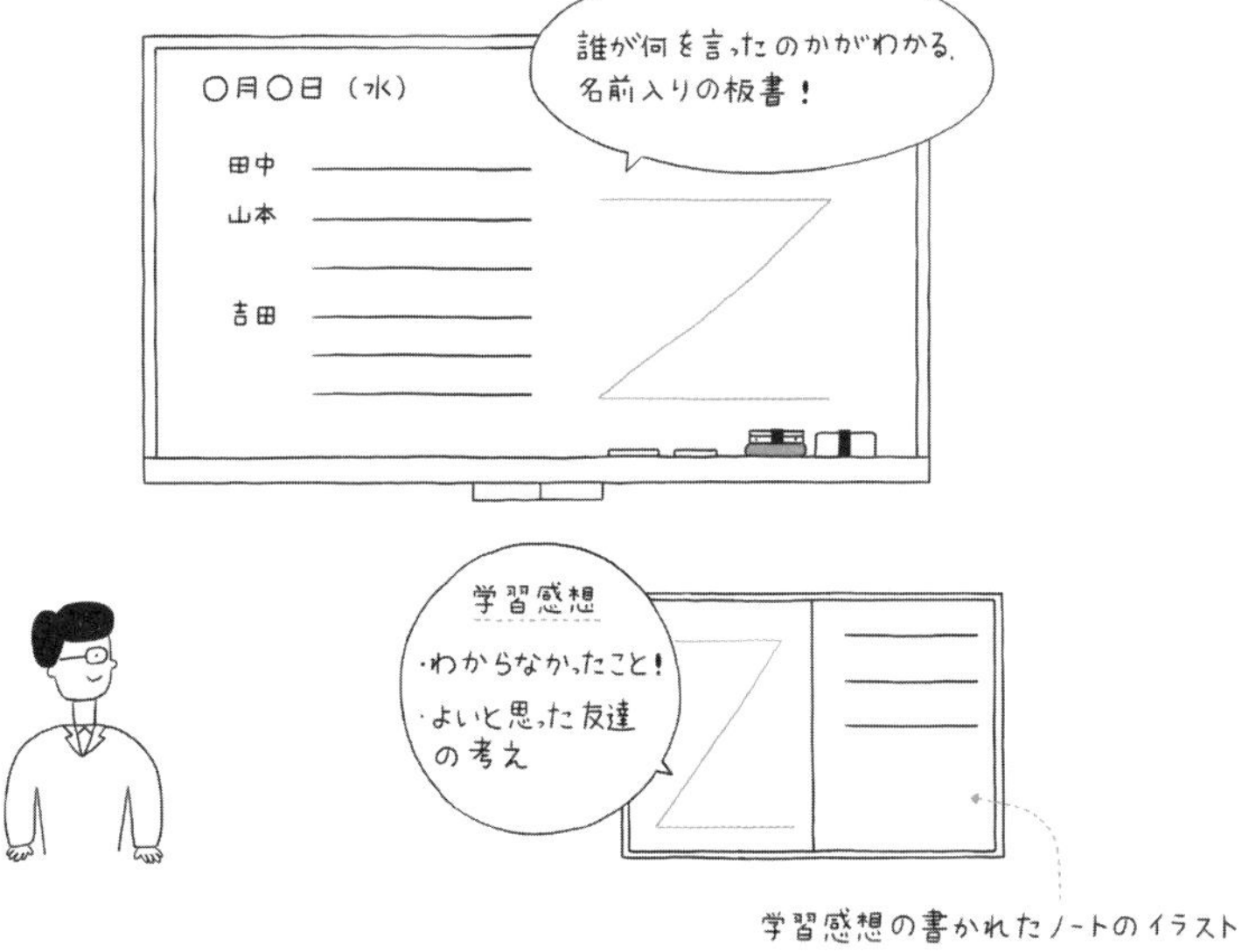
誰が何を言ったのかがわかる、
名前入りの板書！
○月○日（水）
田中
山本
吉田
学習感想
・わからなかったこと！
・よいと思った友達の考え
学習感想の書かれたノートのイラスト

に、別の方法でも確かめてみたら」と声をかけたり、「式で解決したのなら、お友達に説明するために、図でも考えてみたらどう？」等と声をかけたりすることが大切です。繰り返し声をかけることで、それが習慣化しますので、あきらめずに声をかけ続けるとよいでしょう。

「思考力」の評価に適する方法としては、「児童の活動の様子やノート等の記述内容の観察による評価の方法」が考えられます。授業の中のどの場面で、どんな児童の姿、解決方法が見られれば、「おおむね満足できる」状況と評価するのかを計画しておくことが重要です。

評価資料は、おおむね、机間指導中の子供の記述や、黒板に残された子供の解決方法（解決方法ごとに発表者や付け足した子の名前がわかるようにしておくことが大切です）、授業後に集めたノートになります。書くことが苦手な子や、発言することが苦手な子もいますので、どちらか一方ではなく、多面的に子供を捉えられるように、工夫することが大切です。

主体的に学習に取り組む態度の評価はどうするの？

授業の途中にも
思ったことや感じた
ことをノートに
書く習慣を
つけさせましょう
○月○日
自
友
そっか
三角形でも
いいんだ!!

評価規準の作り方

上学年における、「主体的に学習に取り組む態度」（以下「態度」）は、学習指導要領解説算数編（P.19）に以下のように記されています。「数学的に表現・処理したことを振り返り、多面的に捉え検討してよりよいものを求めて粘り強く考える態度、数学のよさに気付き学習したことを生活や学習に活用しようとする態度」

目標・めあての裏返しとして、評価規準を作成する場合、「態度」の評価は「……多面的に捉え検討してよりよいものを求めて粘り強く考える」姿の一歩手前、つまり「……多面的に捉え検討してよりよいものを求めようとしているか」を見取ることになります。なぜ一歩手前かというと、「……多面的に捉え検討してよりよいものを求めて粘り強く考える姿」は考えている姿であり、「思考」の評価の機会となるからです。

台形の求積を例に考えてみましょう。台形の求積が問題として出されたとします。この場面で、「思考」の「十分満足できる」状況として判断できる姿は、既習の平行四辺形や三角形に倍積変形や等積変形をすることで、面積を求めるとともに、平行四辺

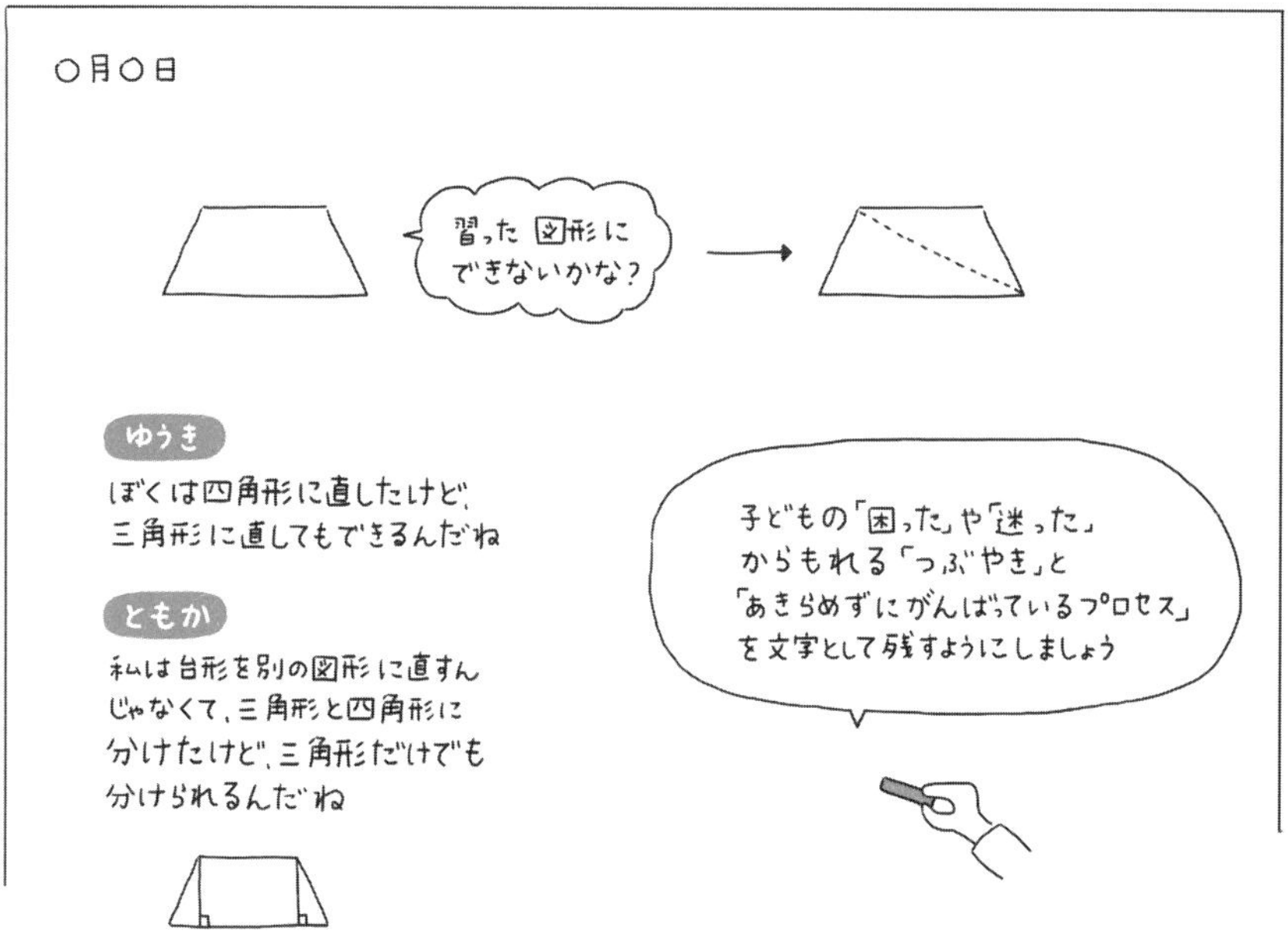

〇月〇日
習った図形にできないかな？
ゆうき
ぼくは四角形に直したけど、三角形に直してもできるんだね
ともか
私は台形を別の図形に直すんじゃなくて、三角形と四角形に分けたけど、三角形だけでも分けられるんだね
子どもの「困った」や「迷った」からもれる「つぶやき」と「あきらめずにがんばっているプロセス」を文字として残すようにしましょう

形や三角形の求積学習の際に公式化したことを念頭に置きつつ、試行錯誤したり共通の要素を見いだすために、式や図に説明を入れたりしている姿です。この姿が現れる手前にある、「そう考えよう」としている姿が、「態度」として、評価される姿と考えるため、「一歩手前」となるのです。

「態度」の評価の機会はどこに？

「そう考えよう」としている姿を捉え、「態度」の評価を行うと考えるならば、「態度」の評価場面は、必然的に「思考・判断・表現」の評価の機会と同じになると考えます。具体的には、「自力解決」場面での子供の姿や、「発表・検討」「練り上げ」場面での子供たちの発言、板書された意見に対する反応を捉え、評価をすることになります。しかし、これらの場面のみで、すべての子供の「態度」に関して評価をすることには無理があります。そこで、授業後に集めたノートや板書記録を頼りに、あらかじめ計画しておいた、単元の中でのいくつかの時間に、やはりあらかじめつくっておいた「思考・判断・表現」と密接な関係にある、子供の姿を指針として、評価をしていくことになると考えます。

第4章

算数科指導のＱ＆Ａ

Q&A 4-1

見方・考え方を働かせると、習得できる知識・技能はどう変わるの？

見方・考え方

見方・考え方というのは、教科等の特質に応じてどのような視点で物事を捉え、どのような考え方で思考していくのかという物事を捉える視点や考え方のことです。

算数の学習で伸ばすことのできる見方・考え方として、数量や図形に関する見方やそれらの関係に着目する見方などの算数らしいものの見方があります。また、論理的な思考や統合的・発展的な考え方などの算数らしいものの考え方があります。

これらを伸ばしていくことができれば、数量的に全体を捉えて物事を把握しやすくなったり、関係づけて考えて物事の本質を捉えやすくなったりします。

見方・考え方の伸長

見方・考え方の伸長と三つの柱の資質・能力（「知識・技能」「思考力・判断力・表現力等」「学びに向かう力・人間性等」）の育成は、相互の関係にあると言えます。見方・考え方が深まれば深まるほど、理解が深まり、知識の質が高まっていきます。

習得・活用・探究という学びの過程の中で、算数らしい見方・考え方を働かせることによって、育成を目指す三つの柱の資質・能力がさらに伸ばされたり、新たな資質・能力が育まれたりします。また、資質・能力の高まりに伴って、見方・考え方はさらに豊かなものへと深まっていきます。

見方・考え方を働かせると？

自分なりに見方・考え方を働かせて習得した知識・技能は、人から与えられた知識・技能に比べて、より生きて働くものとなります。それは、自分事として問題の解決に臨み、自分のもてる力や見方・考え方を総動員して取り組んだ結果として得られた知識・技能だからです。与えられた知識・技能というのは忘れてしまえばそれまでですが、自分でつかみ取った知識・技能は忘れてしまっても再び自分で導き出し直すことができます。また、さらによりよいものに改善していくこともできます。

例えば、2年生で学習するかけ算九九について、もし記憶だけを要求されたなら、その習得は極めて困難なものになります。誤りを自分で修正できず、とても不確かなものとなってしまうでしょう。自分で見方・考え方を働かせながら九九をつくり上げて、それを習得していくからこそ、かけ算九九がより使える自分なりのツールとなっていくのです。「7・6・6・6・5」という数の集まりを見たときに、与えられた知識・技能しかもたない子供の目には「九九が使えない」としか映りませんが、見方・考え方を働かせ自分で得た知識・技能をもつ子供は何とかして九九を使おうとして、さらに見方・考え方を働かせるので「6が5こ」と見て「6×5」を見いだすことができてきます。

　見方・考え方を働かせることによって、知識・技能の習得の仕方がより主体的でより教育的に意味のあるものとなります。そのように見方・考え方を働かせて習得した知識・技能は、使えば使うほどその子の手になじんでより質の高い使える道具となっていくと言えます。また、生きて働く知識・技能などの資質・能力が高まるほどに、見方・考え方は深まります。

　これまで見てきた数量事象が、深い学びの実現によって、見え方が違ってくる。より深い意味をもったものに見えてくる。そんな経験を子供たちに味わわせていくことが大切です。

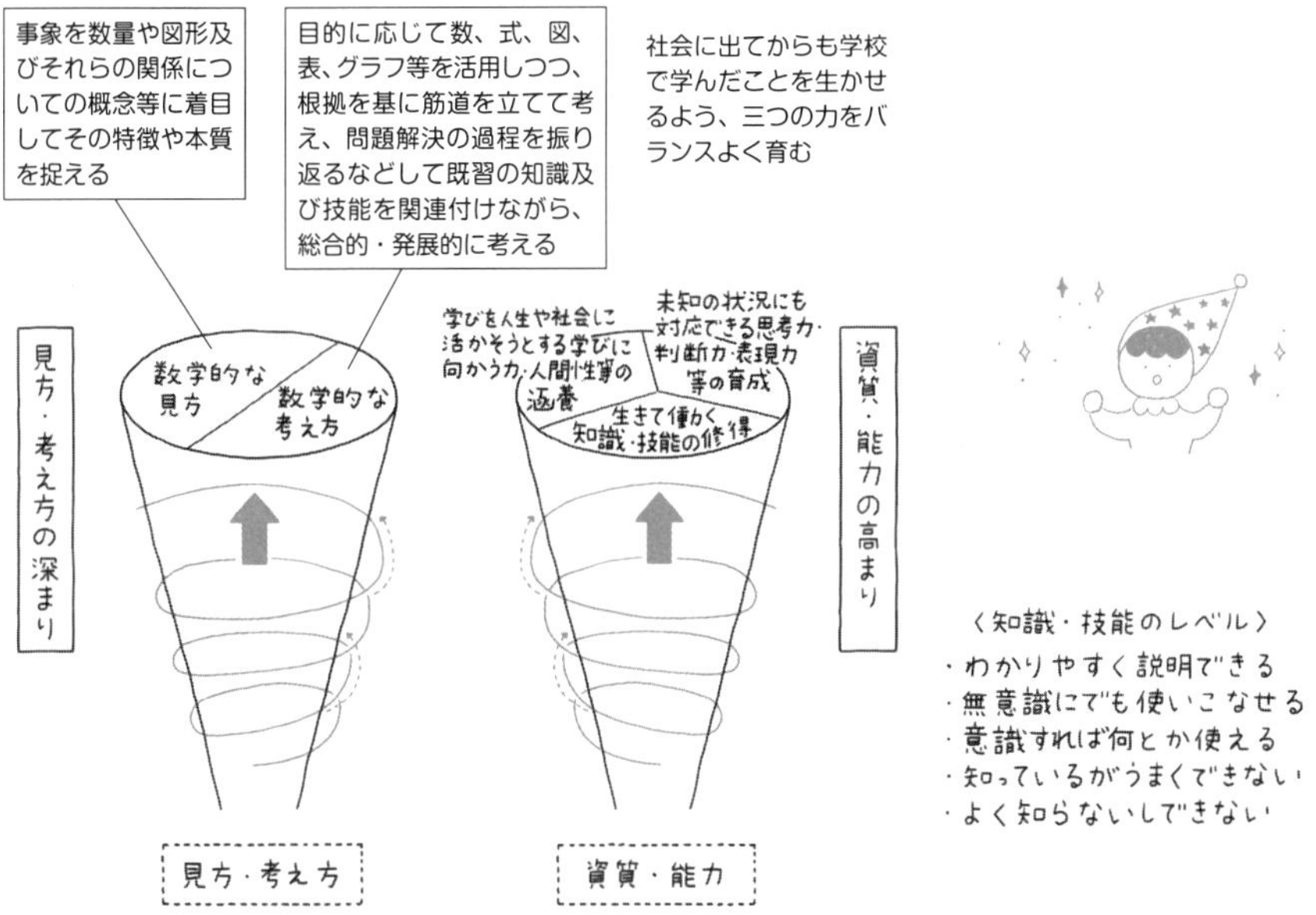
事象を数量や図形及びそれらの関係についての概念等に着目してその特徴や本質を捉える
目的に応じて数、式、図、表、グラフ等を活用しつつ、根拠を基に筋道を立てて考え、問題解決の過程を振り返るなどして既習の知識及び技能を関連付けながら、総合的・発展的に考える
社会に出てからも学校で学んだことを生かせるよう、三つの力をバランスよく育む
見方・考え方の深まり
数学的な見方
数学的な考え方
学びを人生や社会に活かそうとする学びに向かう力・人間性等の涵養
未知の状況にも対応できる思考力・判断力・表現力等の育成
生きて働く知識・技能の修得
資質・能力の高まり
見方・考え方
資質・能力
〈知識・技能のレベル〉
・わかりやすく説明できる
・無意識にでも使いこなせる
・意識すれば何とか使える
・知っているがうまくできない
・よく知らないしできない

「結論の妥当性についての批判的な考察」ってどういうこと？

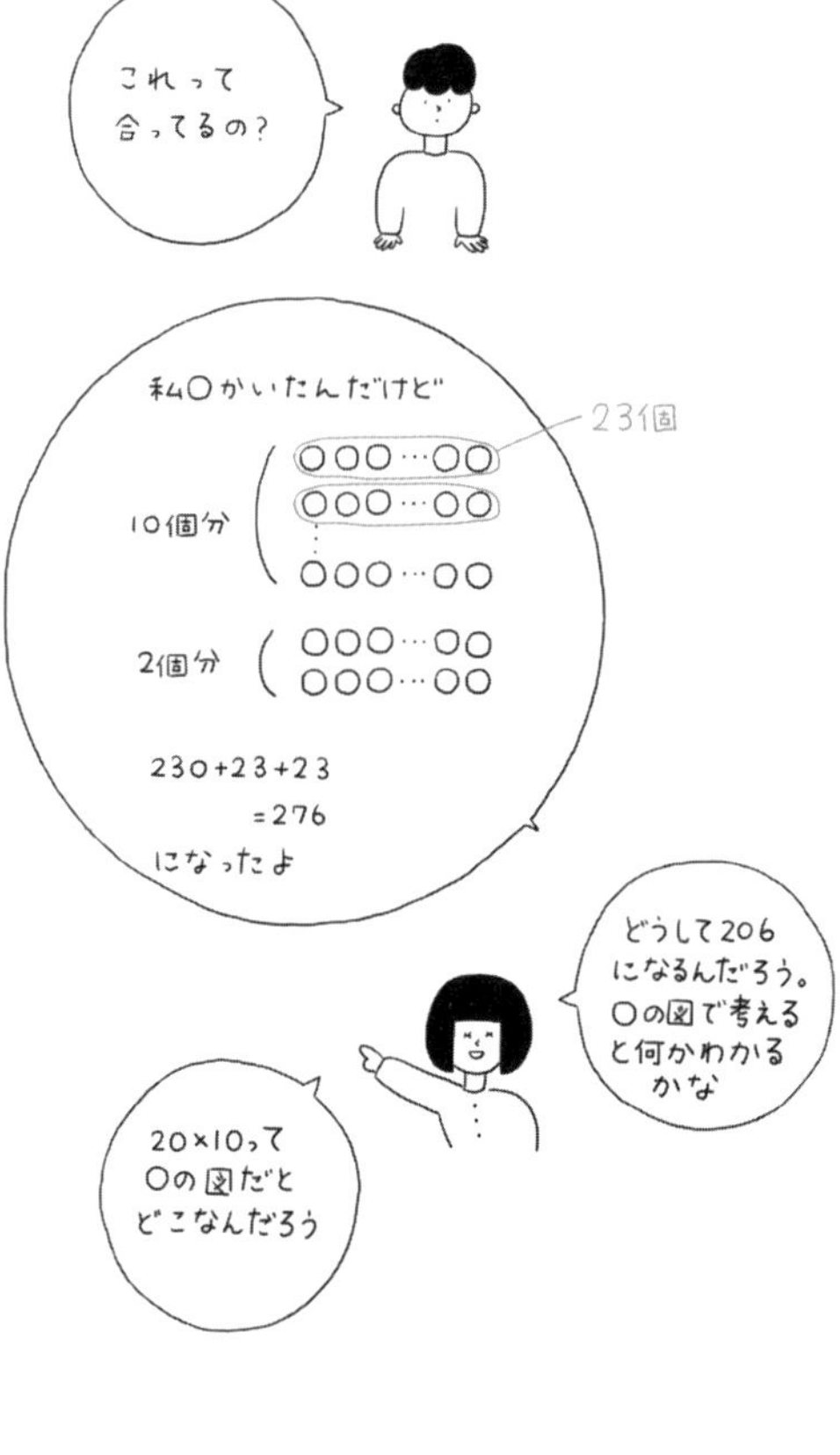
これって
合ってるの？
私○かいたんだけど
23個
10個分
2個分
230+23+23
=276
になったよ
どうして206
になるんだろう。
○の図で考える
と何かわかる
かな
20×10って
○の図だと
どこなんだろう

導き出した結論を鵜呑みにせず、その結論で本当によいかを異なる方向から確かめたり、よりよい結論へと修正したりすることです。

算数の問題を解いて答えが出たときに、教科書の答えと比べて同じかどうかをチェックして安心する、ということはありませんか。これは、導き出した結論の妥当性を、自分ではなく権威者に任せて判断しているとも言えます。しかし、社会では、導き出した結論が適切であるかどうかを疑い、確かめたり、修正したりする力が、ますます必要に

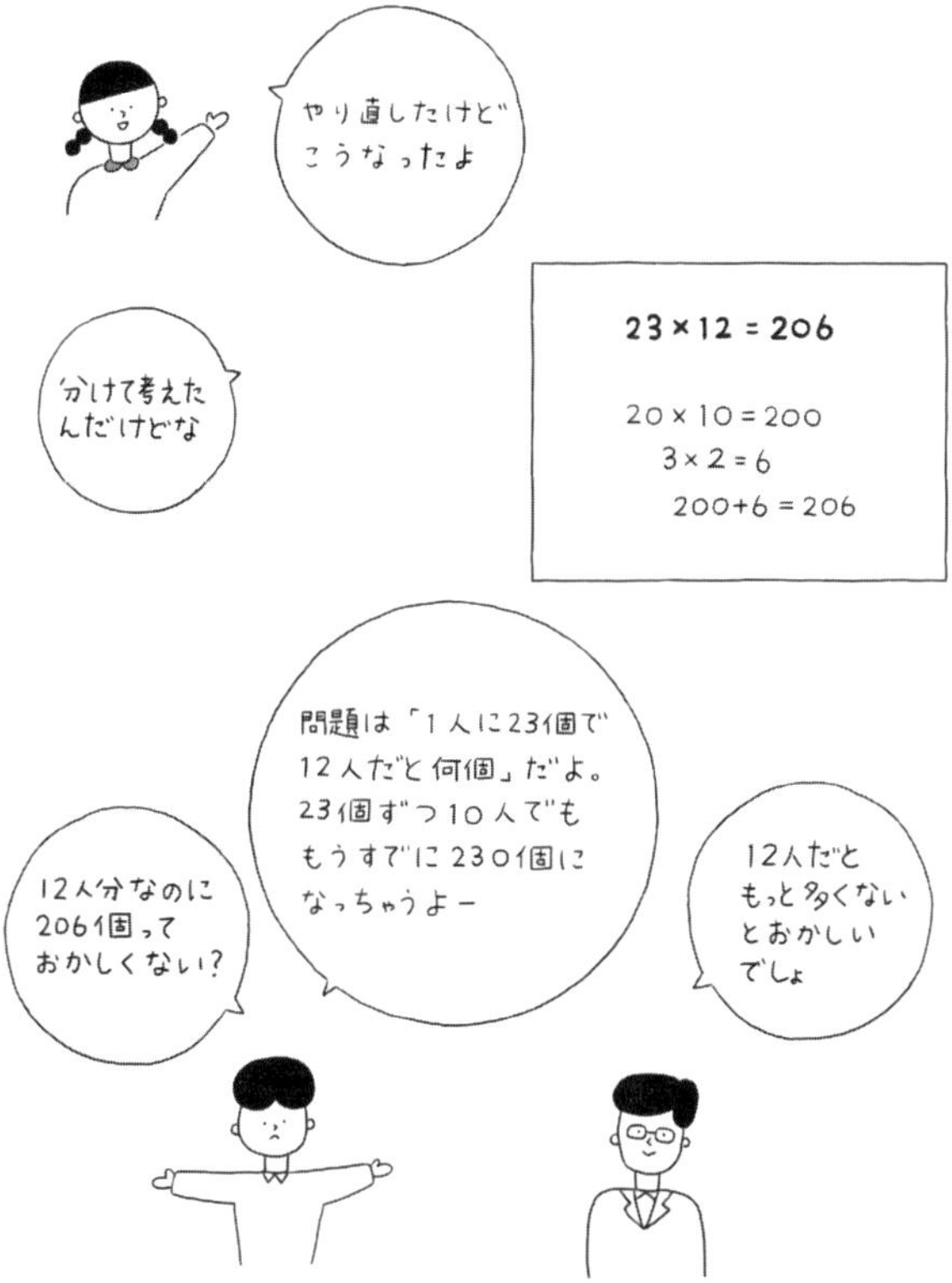

なっています。

答えが正しいかどうかを確かめる方法は一つではありません。計算の場合、もう一度やってみることは一つですが、気付かずに同じ間違いをする恐れがあります。別の方法で計算して同じ答えになるかを見たり、文章問題であれば、答えの大きさが問題に照らしておかしくないかを見たりすることもできます。そして、間違っていたら、用いた方法を見直して、正しい答えに直すことが大切です。

こうした活動は、はじめの頃は一人では難しいこともあるので、子供同士で結論を見せ合ったり、コメントをし合ったりする学習活動を取り入れることも有効です。

「算数・数学の学習過程のイメージ図」（ぐるぐる図）はいったい何者？

数学的活動をするときに、子供に行ってほしい問題発見・解決の過程をイメージした図であり、小・中・高等学校を通して示されている全体的な枠組みです。

数学的活動は、「事象を数理的に捉えて、算数の問題を見いだし、問題を自立的、協働的に解決する過程を遂行すること」です。ここでの「過程」をイメージしたものとして、中央教育審議会答申で示されました。

主として二つの過程（日常生活や社会の事象に関わる左側のサイクルと数学の事象に関わる右側のサイクル）からなり、また、「自立的、協働的に解決」として、各場面での言語活動の充実も示されています。

こうした図が示されると、毎時間ぐるぐるを回さなくてはいけないのかと慌てたり、イメージと現実は別物として切り離してしまったりするかもしれません。以下のような点を意識しつつ、上手に付き合っていきたいです。

・毎時間ぐるぐるを回す必要はありませんし、数学的活動を取り入れない授業もあります。授業のねらいに応じた活用が大切です。

・単元全体をイメージしたり、どの過程や場面を中心に扱うかなど数学的活動の計画を立てたりするときに役立ちます。

・数学化、活用・意味づけ、統合・発展など、これまであまり意識されていない場面への注目を促してくれます。

例えば、比例の関係を使って、重さから画用紙の枚数を求める問題があります。ここで「重さが使えないかな」と聞いてしまうと、子供に経験させたい「数学化」の過程（左側）が薄まってしまいます。「何か使える数量はないかな」「どうして」等の問いを考えたいです。

三角形の三つの角の大きさの和のきまりを見いだす問題があります。そのとき、一つの三角形を調べてもきまりは見えません。複数の三角形を調べる中で予想が生まれ、いつでも言えるかが問題になります。これも「数学化」（右側）と言えます。

ぐるぐる図を授業の改善に役立てましょう。

図の矢印を8の字にたどるような授業計画も考えられます

算数・数学の学習過程のイメージ

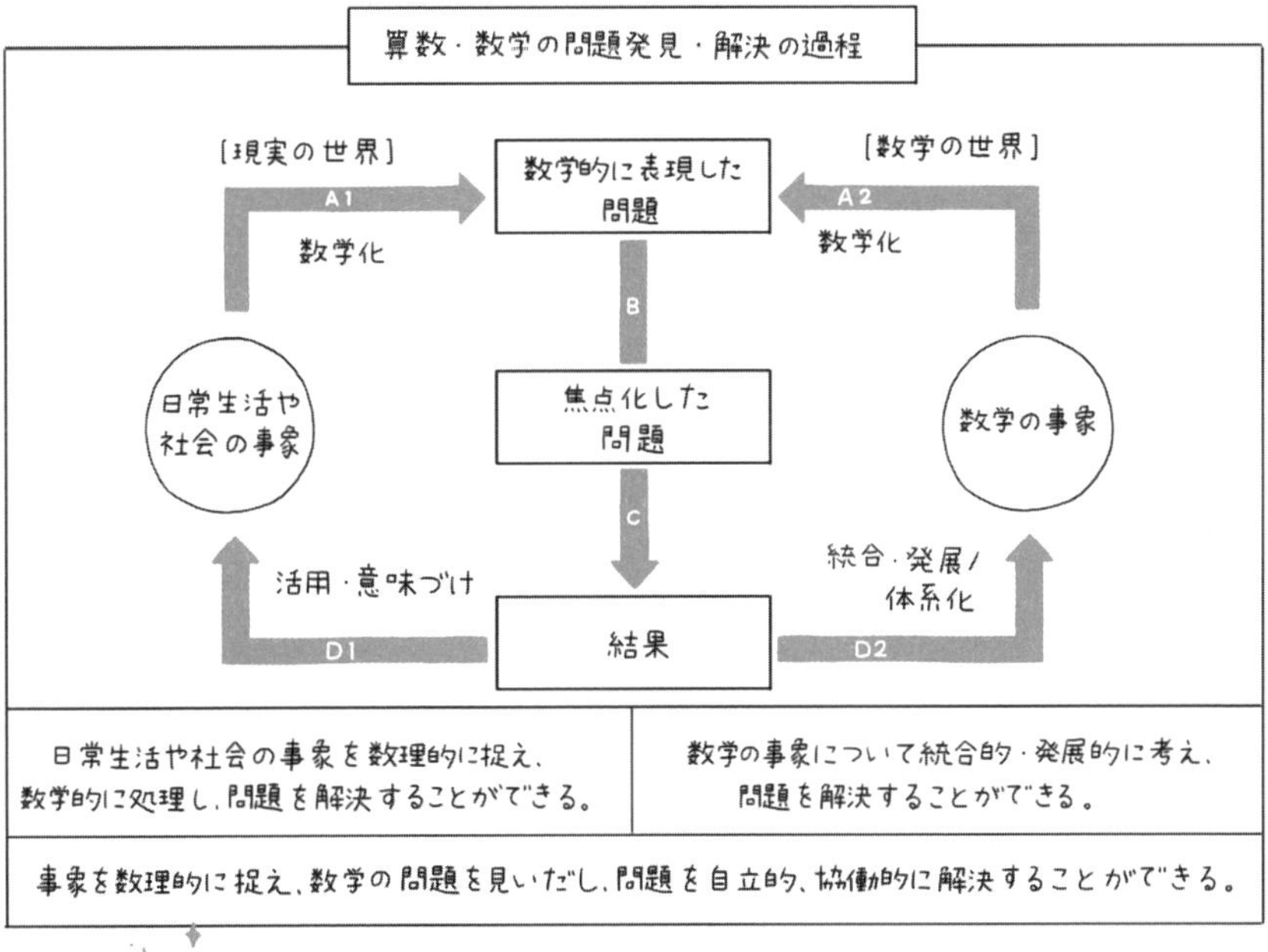
算数・数学の問題発見・解決の過程
[現実の世界]
[数学の世界]
数学的に表現した問題
A1
数学化
A2
数学化
B
日常生活や社会の事象
焦点化した問題
数学の事象
C
活用・意味づけ
統合・発展／体系化
結果
D1
D2
日常生活や社会の事象を数理的に捉え、数学的に処理し、問題を解決することができる。
数学の事象について統合的・発展的に考え、問題を解決することができる。
事象を数理的に捉え、数学の問題を見いだし、問題を自立的、協働的に解決することができる。

「深い学び」は資質・能力を高めるの？

「深い学び」は資質・能力を高めるための授業改善の視点です。そのためには、教師の役割が重要です。

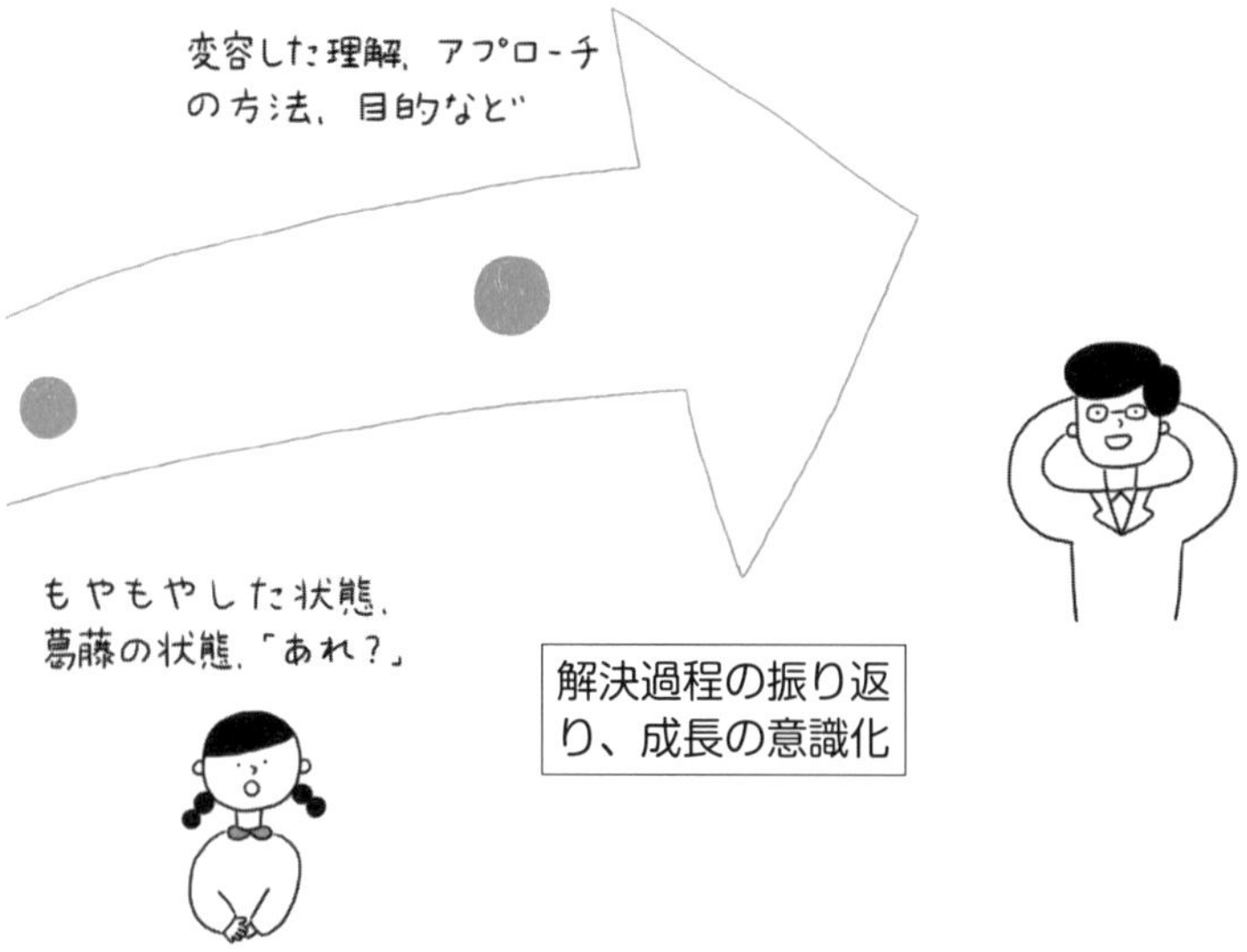
変容した理解、アプローチの方法、目的など
もやもやした状態、葛藤の状態「あれ？」
解決過程の振り返り、成長の意識化

「深い学び」と聞くと、何か新しい指導方法があるような気持ちになりますが、そうではなく、これまでも行われてきている知識や技能、思考力・判断力・表現力を育てる授業を、「深い学び」を視点としてさらに改善することが求められています。

学習指導要領解説算数編には、「新たな知識・技能を見いだしたり、それらと既習の知識を統合したりして思考や態度が変容する『深い学び』

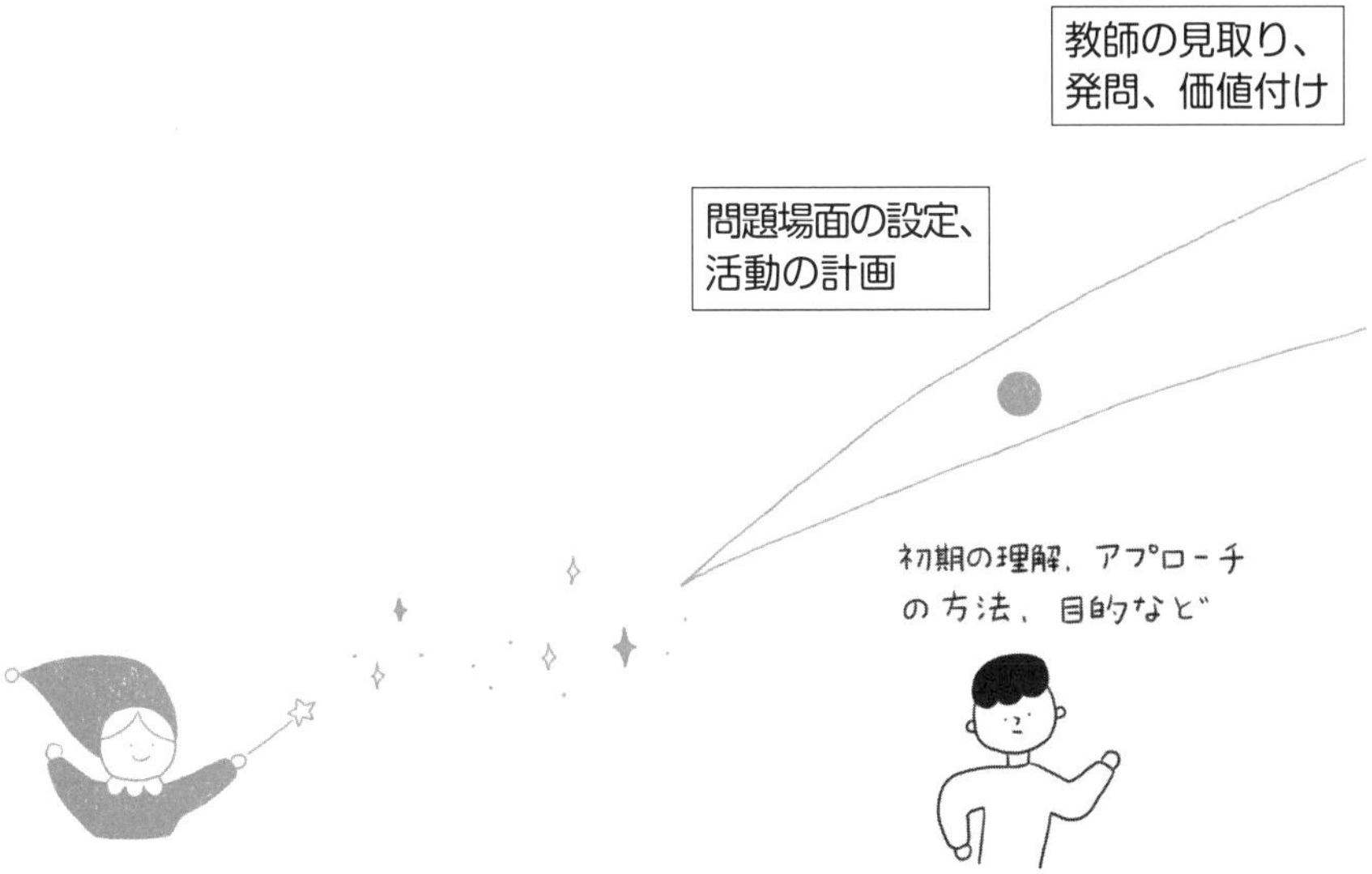
教師の見取り、
発問、価値付け
問題場面の設定、
活動の計画
初期の理解、アプローチの方法、目的など

を実現する」（P.323）と書かれています。ここでの「変容する」という言葉からは、子供が今もっている力（知識や思考力）を発揮・表出させ、その力について振り返らせる場を、授業の中にどう作るかが、「深い学び」という視点であることがうかがえます。

そのためには教師の役割が重要です。子供が今もっている力を認め、発揮させているでしょうか。子供が自分の力を振り返り、自分の成長を感じる機会を与えているでしょうか。現在行っている授業実践を、「深い学び」の視点から見ると、新たな気付きがあるかもしれません。

「統合的」と「発展的」はなぜセットなの？

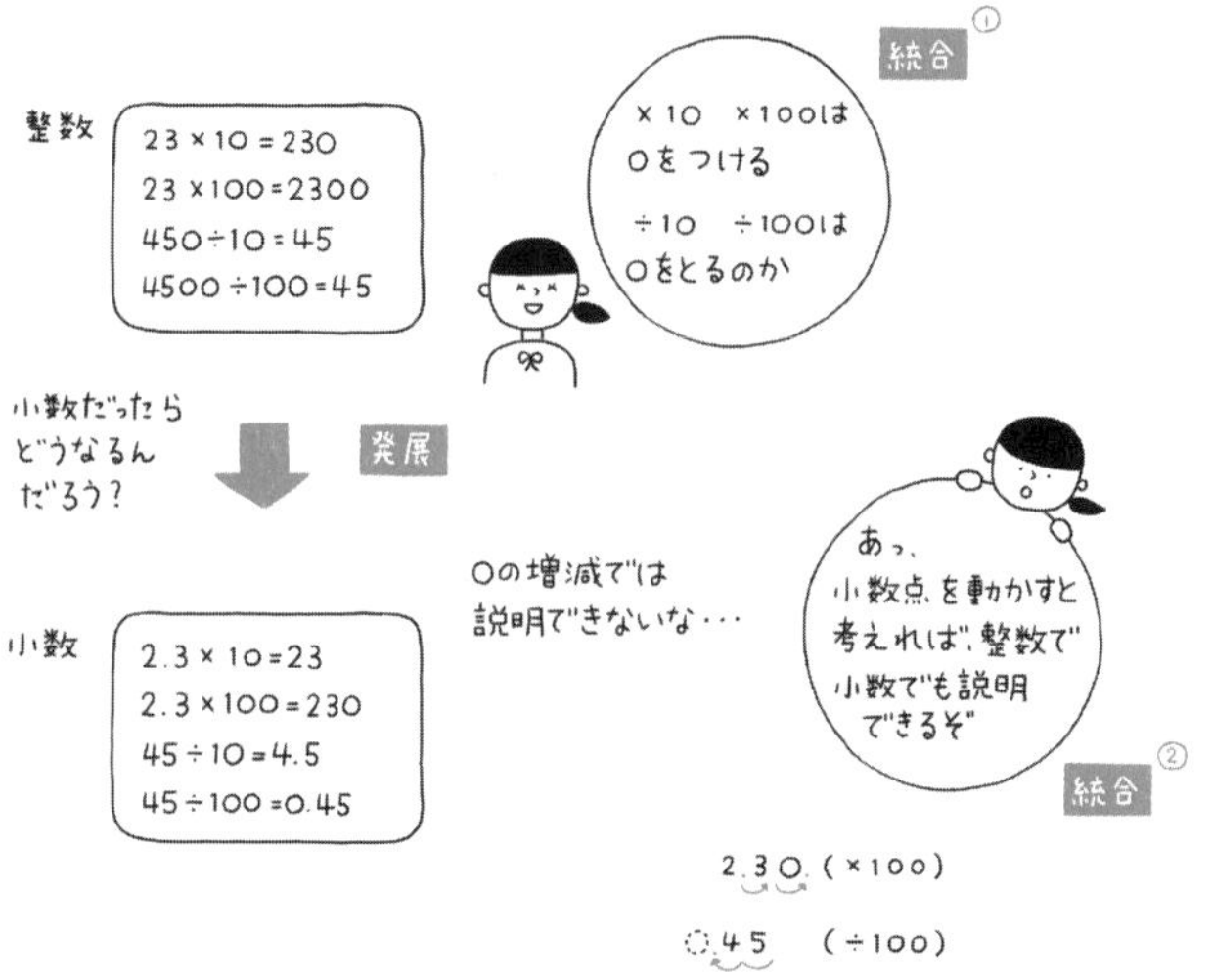
統合 ①
整数
23×10＝230
23×100＝2300
450÷10＝45
4500÷100＝45
×10　×100は
0をつける
÷10　÷100は
0をとるのか
小数だったら
どうなるん
だろう？
発展
0の増減では
説明できないな・・・
あっ、
小数点を動かすと
考えれば、整数で
小数でも説明
できるぞ
統合 ②
小数
2.3×10＝23
2.3×100＝230
45÷10＝4.5
45÷100＝0.45
2.30（×100）
0.45　（÷100）

「統合的な考え方」と「発展的な考え方」は、並列ではありません。「発展させたことを広く捉え直して統合する」。それをまた「発展させ、広く捉え直して統合する」。この繰り返しで、より広く捉え直す「統合」が大切です。

「統合」とは、「多くの事柄を、同じ仲間にまとめていこうとする考え方」で、算数・数学ではとても大切な視点です。「発展」とは、統合したことを、さらに「範囲を広げて新しいものを発見していこうとする考え方」です。算数・数学での「発展」の多くは、「統合」する方向で行われます。

例えば、23×10は、230です。23×100は2300です。いろいろ試してみると、整数に10をかけるときはその整数の右に0を1つ付ける、100をかけるときは2つ付ける、10でわるときは0を1つ消す……とまとめることができます。これを一つの「統合」としましょう。

次に、2.3×10、2.3×100でも0のことが言えるかどうかを考えます。整数から小数へ、数の範囲を拡張しまし

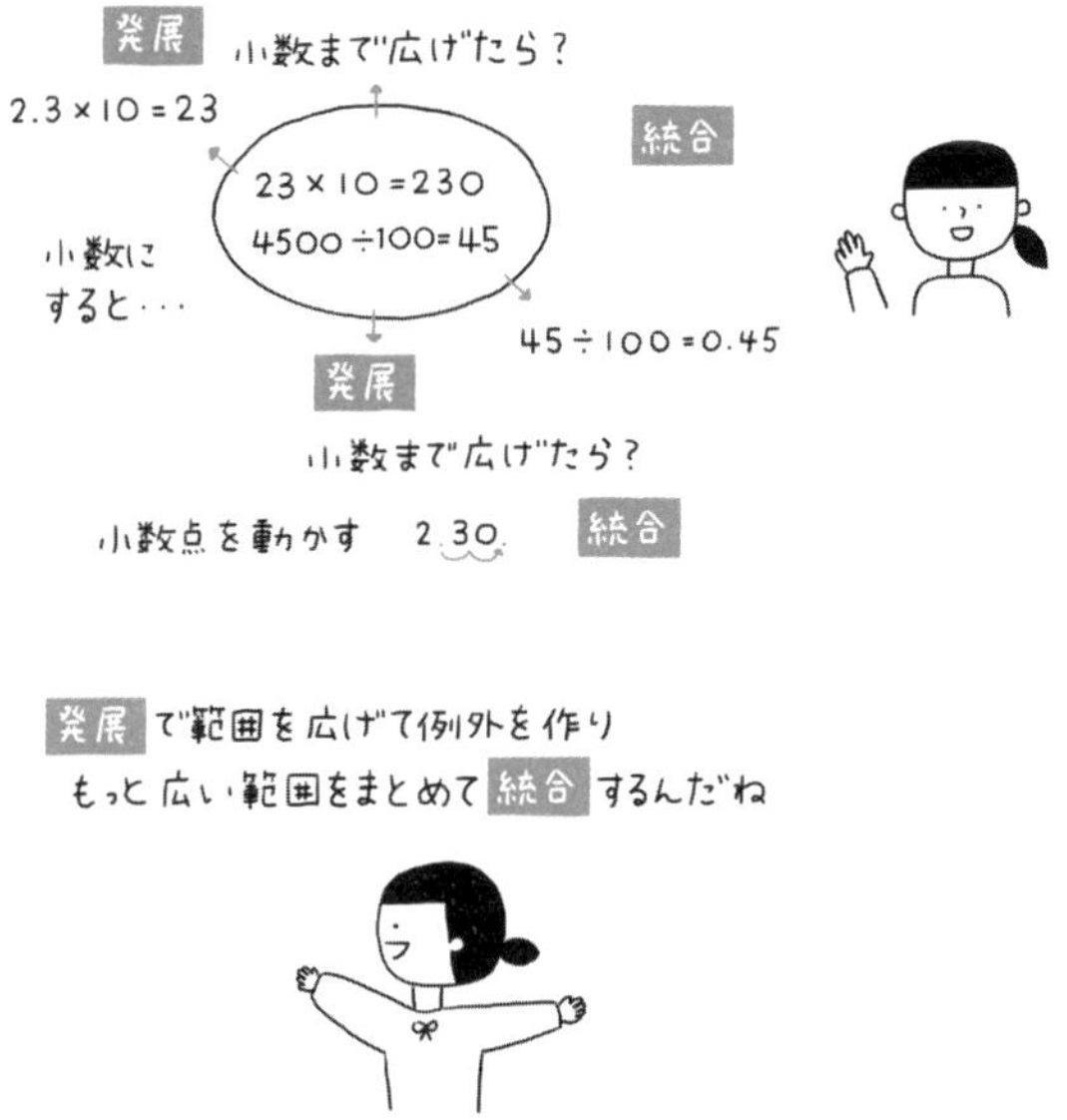
発展
小数まで広げたら？
2.3×10=23
統合
23×10=230
4500÷100=45
小数にすると・・・
45÷100=0.45
発展
小数まで広げたら？
小数点を動かす　2.30
統合
発展で範囲を広げて例外を作り
もっと広い範囲をまとめて統合するんだね

た。これが「発展」です。今度は、0の数を増やしたり減らしたりでは説明がつきません。そこで、「0の数だけ小数点を動かす」と、新しい方法を見つけ、その意味を考えてまとめます。これが「統合」です。

このように、算数・数学では、「発展」と「統合」を繰り返しながら、より一般的な法則を創っていくのです。だから「統合的」と「発展的」はペアで使われるのです。

「統合・発展」については、戦後初めて日本が独自に作成した昭和43年の学習指導要領で強調されました。第二次世界大戦後、アメリカの占領下で日本の算数・数学の学力が大幅に引き下げられ、世界の科学技術に追いつくには、知識の詰め込みだけに頼らない、筋道立てて創造的に考える能力の育成が望まれていました。そこで重視されたのが、「数学的な考え方」であり、中でも重要な「統合的・発展的な考え方」だったのです。

参考・引用文献
『算数・数学教育と数学的な考え方』中島健三（1982）
『数学的な考え方の具体化』片桐重男（1988）

第4学年の「割合」では何を教えるの？

第4学年では、基準量を1とみたときに、比較量が基準量に対する割合として2倍、3倍、4倍などの「整数倍」で表される場合を取り上げて指導します。

第4学年の簡単な割合に関連して、第2学年の測定領域では、まとまりを任意に作る経験をしており、基準量（1）を柔軟に捉える素地があります。九九、倍概念、簡単な分数、倍の逆算である除法（乗法の逆として割合を求める場合と、基準量を求める場合）の学習も生かして、割合の見方・考え方を働かせて解決できるようにしていきます。

〈第4学年「簡単な割合」の問題例〉

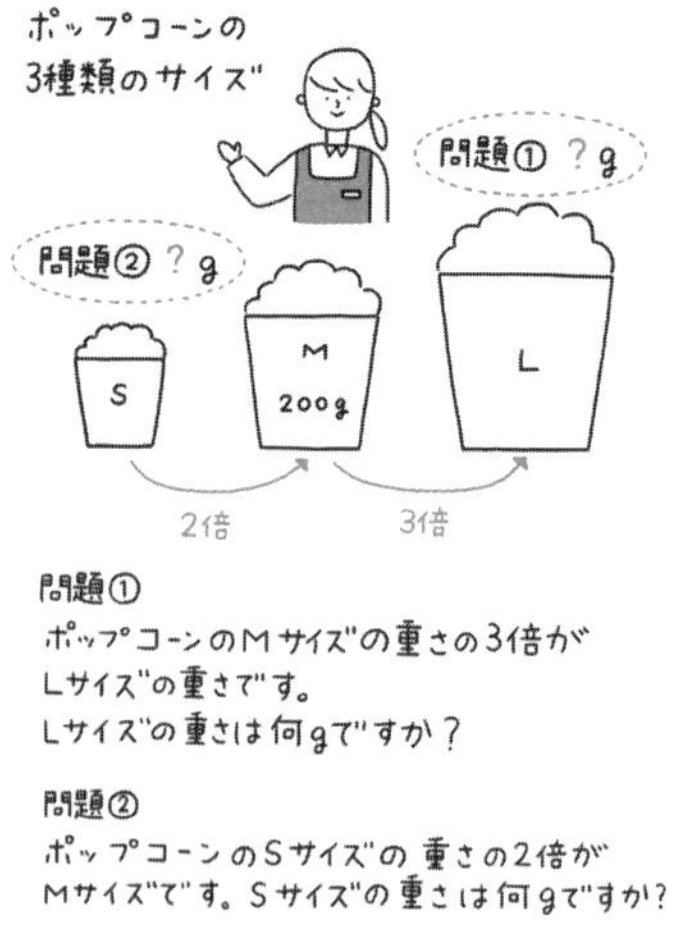
ポップコーンの
3種類のサイズ
問題① ？g
問題② ？g
S
M
200g
L
2倍
3倍
問題①
ポップコーンのMサイズの重さの3倍がLサイズの重さです。
Lサイズの重さは何gですか？
問題②
ポップコーンのSサイズの重さの2倍がMサイズです。Sサイズの重さは何gですか？

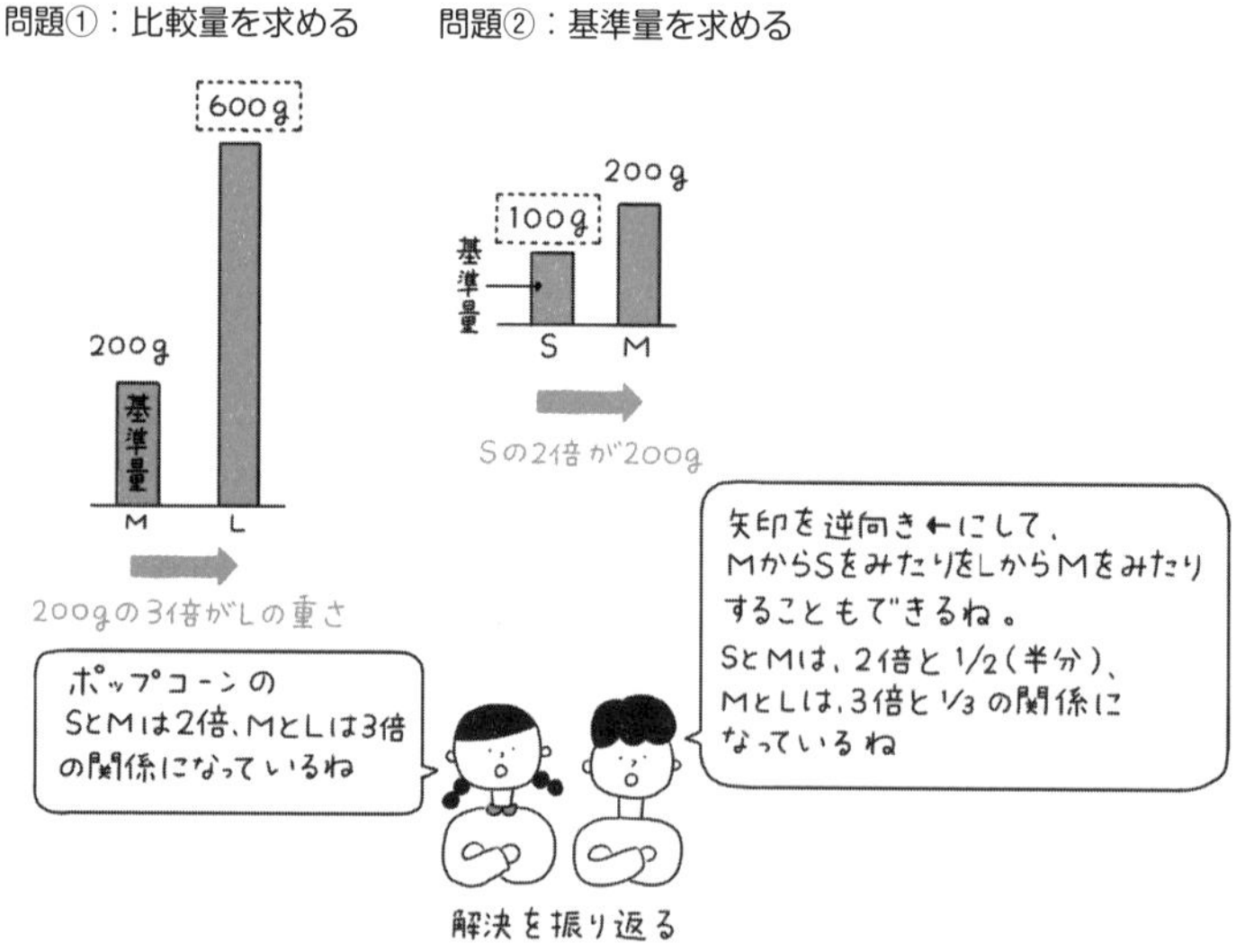
問題①：比較量を求める
問題②：基準量を求める
600g
200g
基準量
M
L
200gの3倍がLの重さ
200g
100g
基準量
S
M
Sの2倍が200g
矢印を逆向き←にして、MからSをみたりLからMをみたりすることもできるね。
SとMは、2倍と1/2（半分）、MとLは、3倍と1/3の関係になっているね
ポップコーンのSとMは2倍、MとLは3倍の関係になっているね
解決を振り返る

ポイント！　基準量の柔軟な捉え　2つの量を逆方向からもみる

第5学年の「割合」との違いは？

第5学年との違いは、割合が0.7や2.4などの「小数倍」で表され、これまで学習した量の他に、異種の二つの数量の関係を取り上げることです。

これまで、第5学年の異種の二つの量の比較では、差で考えてしまうことや、どちら側からみるとよいのか、どちらが基になるのかが課題として挙げられました。整数、分数で理解できた簡単な割合が、小数の場合でもそのまますぐに適用できるとは限りませんが、第4学年で整数倍を用いて割合を考えたことに帰着することにより、「基準量と比較量を適切に選択すること」への段差が少なくなり、割合の見方・考え方を働かせることにつながります。

大きさの違いの程度を理解すること、一方の量からみた他の量の大きさを表現するよさを実感すること、乗法的な見方・考え方を働かせて二つの数量の関係を柔軟に捉えられるようにすることなど、第3学年までの学習を生かし、第5学年での割合の学習につながるように、第4学年では「割合」の意味理解を促すことがポイントです。

〈第5学年「割合」における主な課題〉

割合の意味が難しいため、差で考えてしまう。

答えが小数になるため、公式や答えの解釈が難しい。

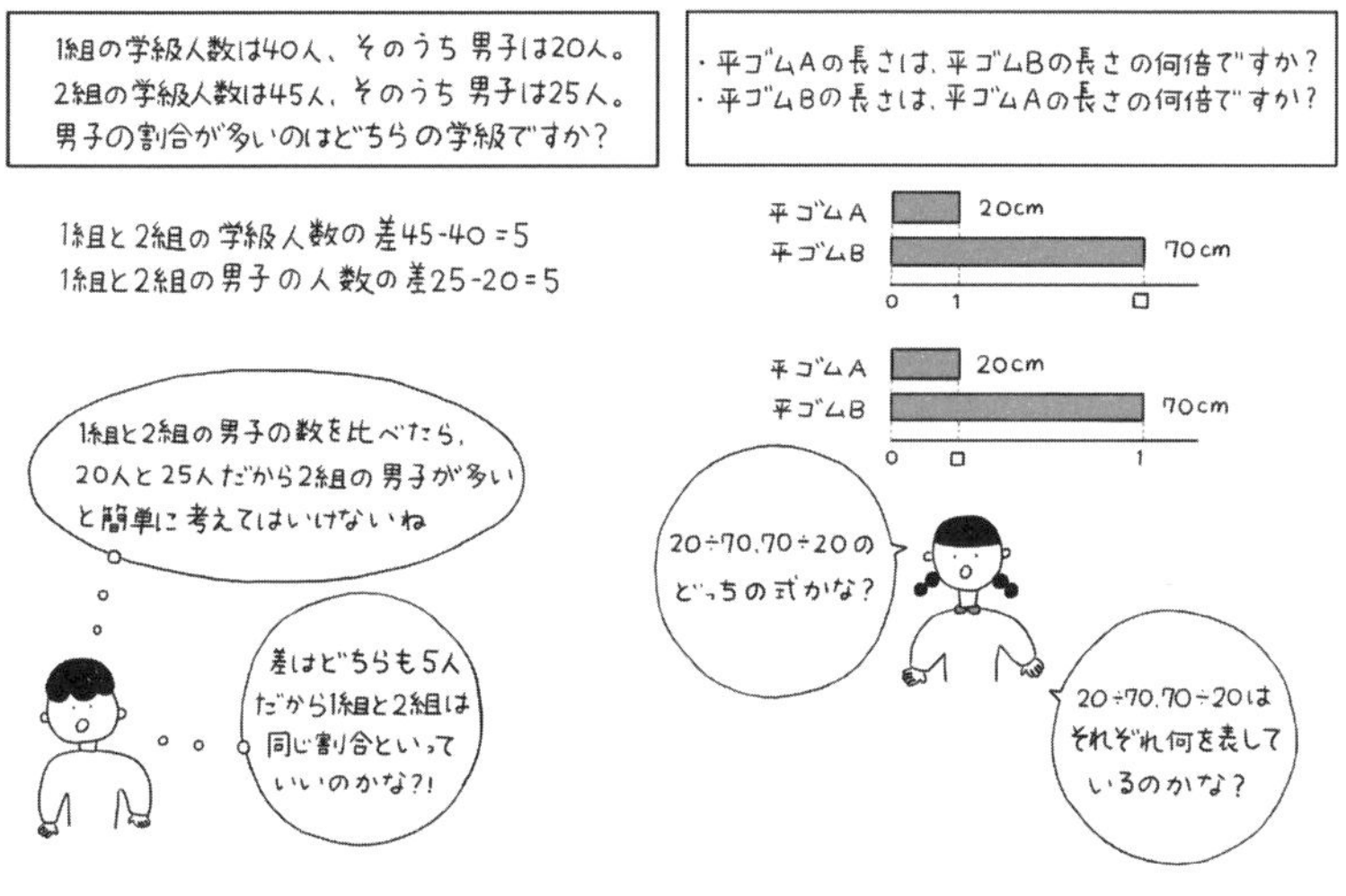
1組の学級人数は40人、そのうち男子は20人。
2組の学級人数は45人、そのうち男子は25人。
男子の割合が多いのはどちらの学級ですか？
1組と2組の学級人数の差45-40=5
1組と2組の男子の人数の差25-20=5
1組と2組の男子の数を比べたら、20人と25人だから2組の男子が多いと簡単に考えてはいけないね
差はどちらも5人だから1組と2組は同じ割合といっていいのかな?!
・平ゴムAの長さは、平ゴムBの長さの何倍ですか？
・平ゴムBの長さは、平ゴムAの長さの何倍ですか？
平ゴムA
20cm
平ゴムB
70cm
0
1
□
平ゴムA
20cm
平ゴムB
70cm
0
□
1
20÷70、70÷20のどっちの式かな？
20÷70、70÷20はそれぞれ何を表しているのかな？

「メートル法」とは何なの？

古代エジプトで、ひじから手の中指の先までを基にした、キュービットという単位を用いたように、単位は体の一部を基準にして発生しました。日本では尺貫法が使われました。尺は親指と人差し指を広げた長さを起源とします。

フランス科学アカデミーは、世界で共通する単位を作ろうと、1791年に子午線の極から赤道までの1000万分の1を1mと定めました。メートル原器の作成と配布を通して世界に広まりました。現在は、科学の進歩に伴って光が真空を進む距離を基に、1mが定義されています。

日本は1885年にメートル条約に加盟し、1921年に尺貫法からメートル法へと度量衡法を改正しました。1951年には計量法を制定し、メートル法へ統一を図ってきました。

メートル法は長さの基本単位をメートル、質量をキログラム、時間を秒とした国際単位系です。面積や体積などは基本単位を組み合わせた組立単位（㎡など）を使います。また、単位は十進法に基づいて作られていて、c

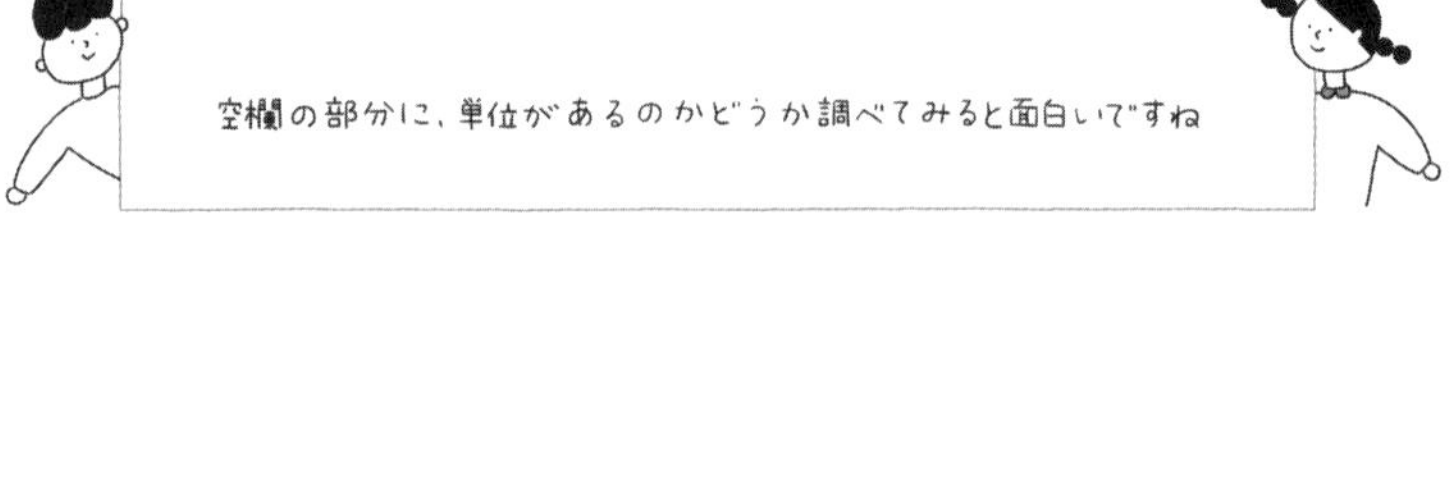

	m ミリ $1/10^3$倍	c センチ $1/10^2$倍	d デシ $1/10$倍		da デカ 10倍	h ヘクト 10^2倍	k キロ 10^3倍
長さ	mm	cm	dm	m	dam	hm	km
かさ	mL		dL	L			
重さ	mg			g			kg

空欄の部分に、単位があるのかどうか調べてみると面白いですね

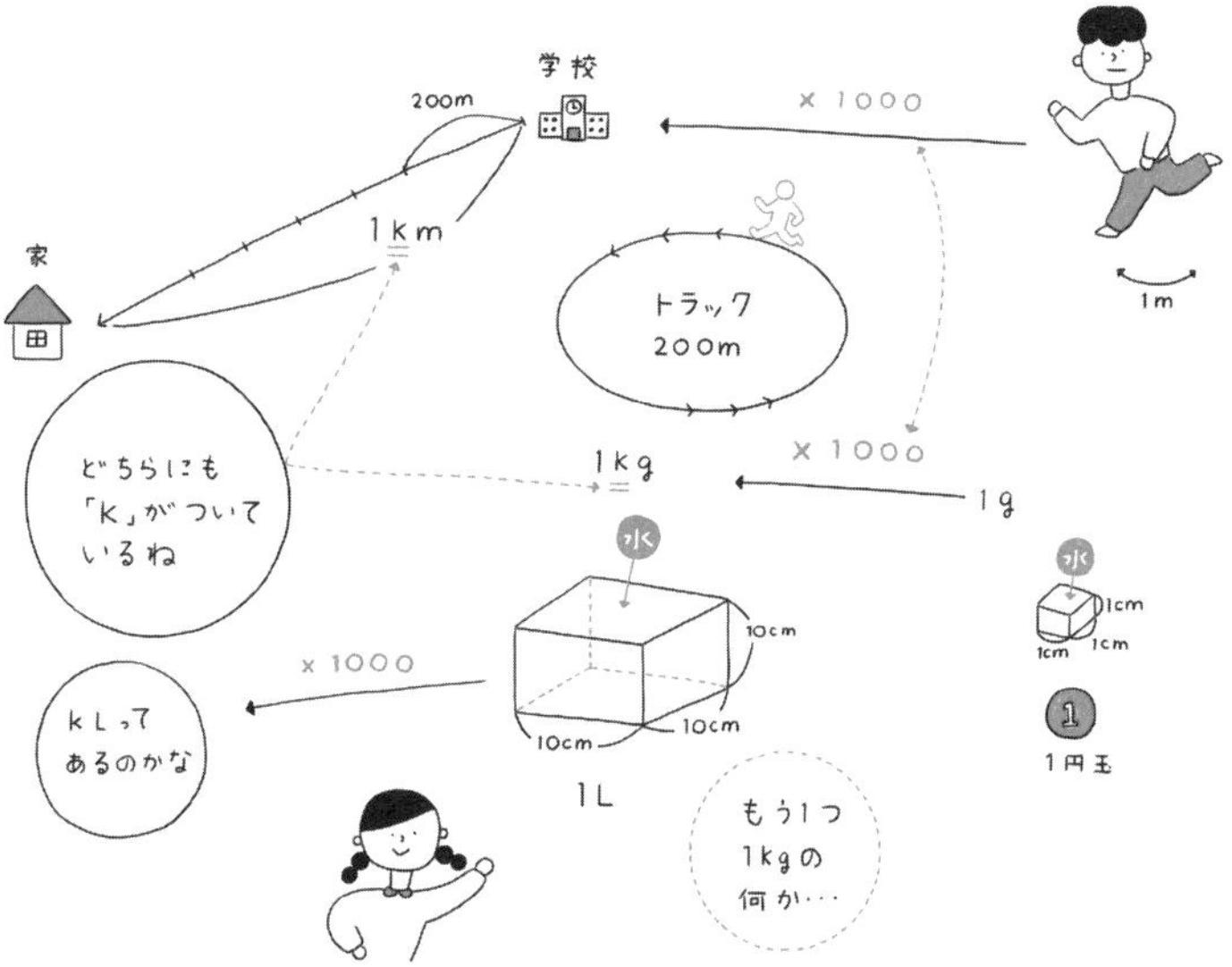
学校
200m
×1000
1km
家
トラック
200m
1m
どちらにも
「k」がついて
いるね
1kg
×1000
1g
水
10cm
10cm
10cm
水
1cm
1cm
1cm
×1000
kLって
あるのかな
1L
もう1つ
1kgの
何か・・・
1
1円玉

（センチ）、k（キロ）のような接頭語をつけた補助単位を設定して、単位間の関係をわかりやすくしています。

「メートル法のしくみ」を3年生でどう教えるの？

　メートル法は、単位の間の相互の関係がわかりやすい仕組みになっていますが、単位換算の学習や表を埋めさせるだけの学習では単位についての理解を深めることになりません。歴史上でも体の一部で大きさを表したように、ある量（1㎞）が身近な大きさ（トラック1周200ｍなど）のいくつ分であるかを実際に測る活動を充実させて、量感を十分に養っておくことが大事です。

　その上で、それまでに学習した長さ（㎜、㎝、ｍ、㎞）、かさ（mL、dL、L）、重さ（g、kg、t）を整理してみます。まずは同じ種類の単位が何倍になっているかを調べ、その中で、異種の量の単位も同じ仕組みになっていること、それが接頭語で示唆されていることを子供自らが発見し、統合的に捉えようとすることが大切です。また、身の回りに目を向けて、学習した単位や、学習では出てこなかった単位（cLなど）が実際に使われているのかどうか、進んで調べようとする態度を育成したいものです。

「目的に応じたデータ収集」は具体的にどうしたらいいの？

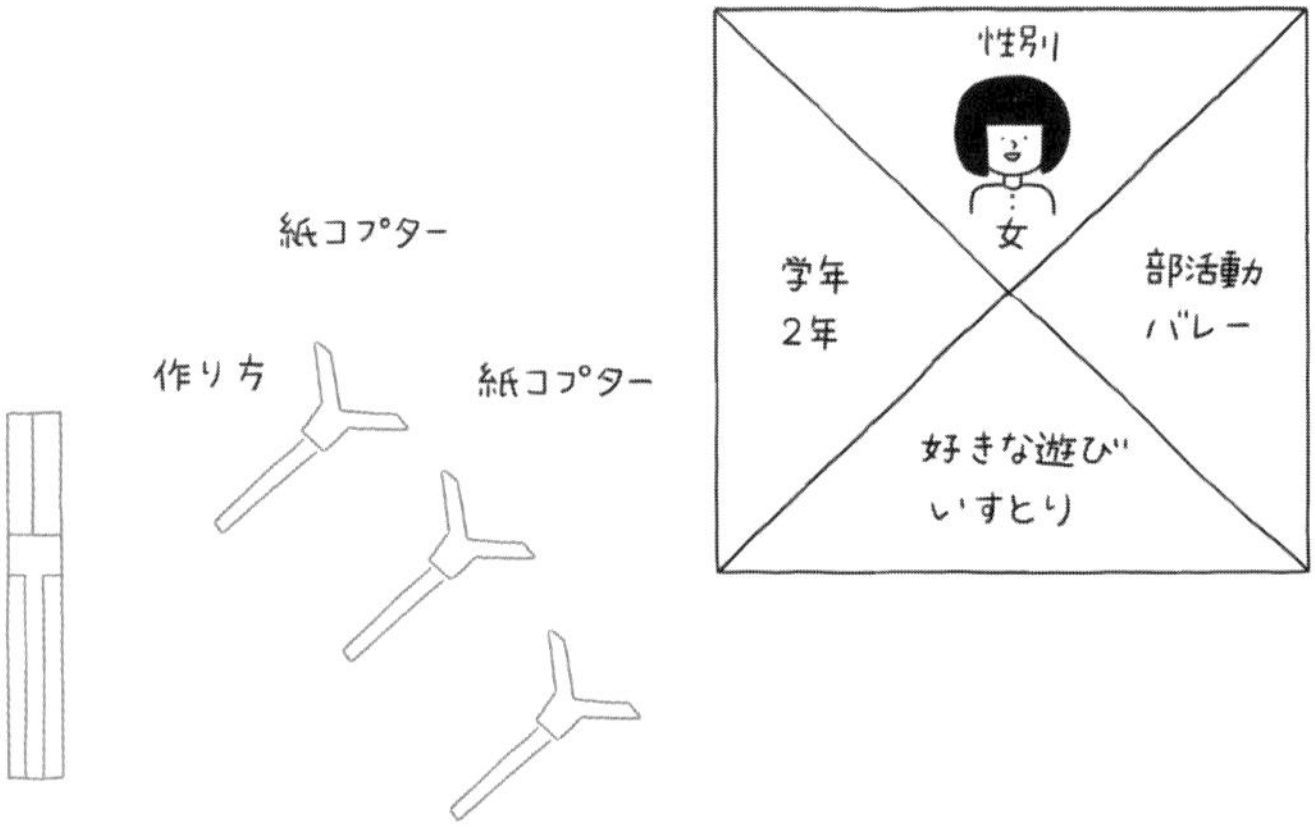
性別
女
学年
2年
部活動
バレー
好きな遊び
いすとり
紙コプター
作り方
紙コプター

アンケート調査や実験をしたり、国勢調査など公的なデータを探したりして、統計的な問題解決に適したデータを収集することが大切です。

統計的な問題解決で収集するデータには、好きな遊びのように文字情報として得られる「質的データ」、50m走の記録のように数値として得られる「量的データ」、日ごとの最高気温のように時間の変化に伴って得られる「時系列データ」があります。例えば、性別や学年によって好きな遊びが違うかを調べる目的で、子供たちに、性別、学年、部活動、好きな遊びをデータカードに書いてもらう調査があります。また、紙コプターは、羽根の長さが何㎝のとき滞空時間が長いかを求める目的で、滞空時間をストップウォッチで繰り返し測る実験があります。さらに、自分が住んでいる町は、日ごとの最高気温がどのように変化しているかを調べる目的で、気象庁のホームページから過去の気象データを探す方法があります。

今回の改訂で統計の内容の扱いはどのように変わったの？

今回の改訂では、代表値やグラフなど統計の知識を理解するだけでなく、それらの知識を統計的な問題解決に活用する方法を理解することに指導の重点が置かれています。

「データの活用」領域で育成を目指す資質・能力は、次の二つにまとめられます。[1] 一つは、「目的に応じてデータを収集、分類整理し、結果を適切に表現すること」、すなわち、統計的な問題解決の方法です。もう一つは、「統計データの特徴を読み取り判断すること」、すなわち、データに基づいて的確に判断し、得られた結論を多面的・批判的に考察する能力です。

統計的な問題解決の方法については、「問題―計画―データ―分析―結論」という五つの段階を行き来しながら繰り返す統計的探究プロセスがあります。低学年では「データ―分析」の段階を中心に扱い、中学年から「問題―計画」の段階も徐々に扱うようにします。

(1)『小学校学習指導要領解説算数編』文部科学省（2018）日本文教出版

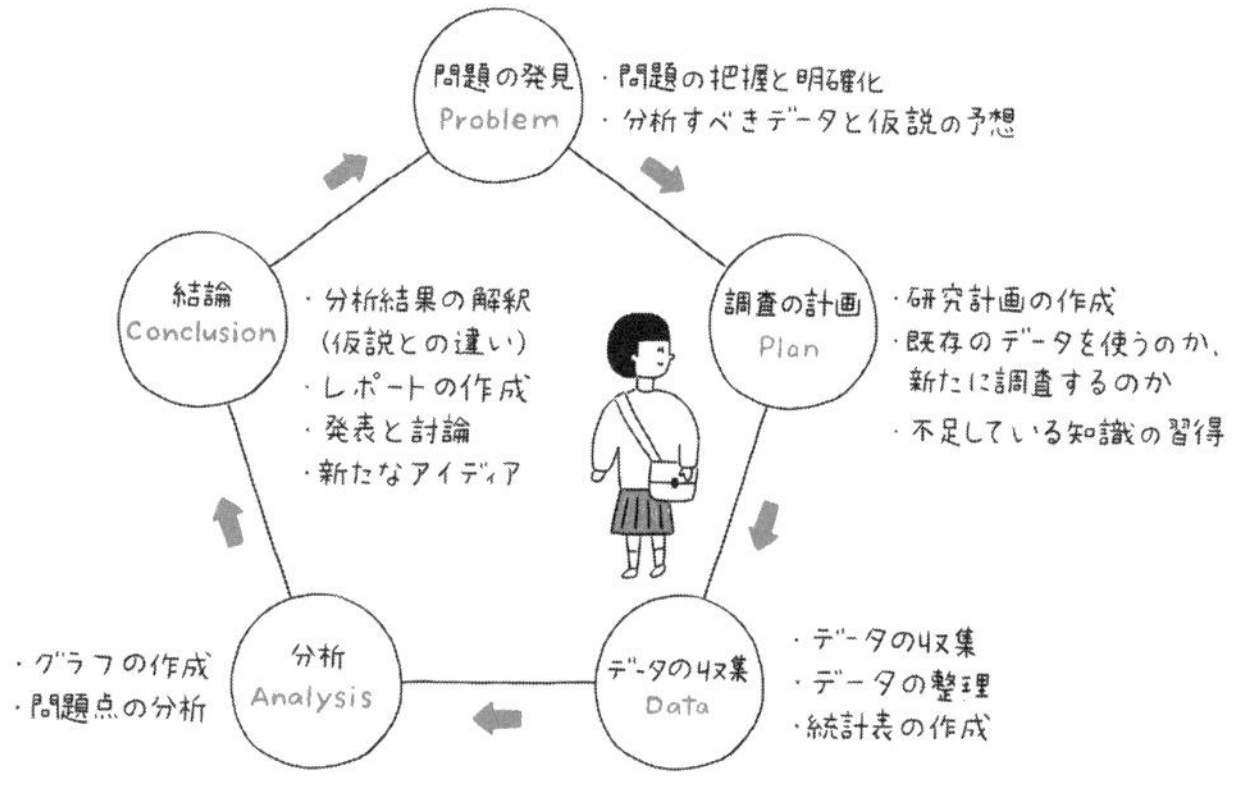
問題の発見
Problem
・問題の把握と明確化
・分析すべきデータと仮説の予想
調査の計画
Plan
・研究計画の作成
・既存のデータを使うのか、新たに調査するのか
・不足している知識の習得
データの収集
Data
・データの収集
・データの整理
・統計表の作成
分析
Analysis
・グラフの作成
・問題点の分析
結論
Conclusion
・分析結果の解釈（仮説との違い）
・レポートの作成
・発表と討論
・新たなアイディア
統計的探究プロセス

ドットプロットはなぜ出てきたの？

データの特徴や傾向を視覚的に捉えやすくするためと、学習内容を関連付けるためです。

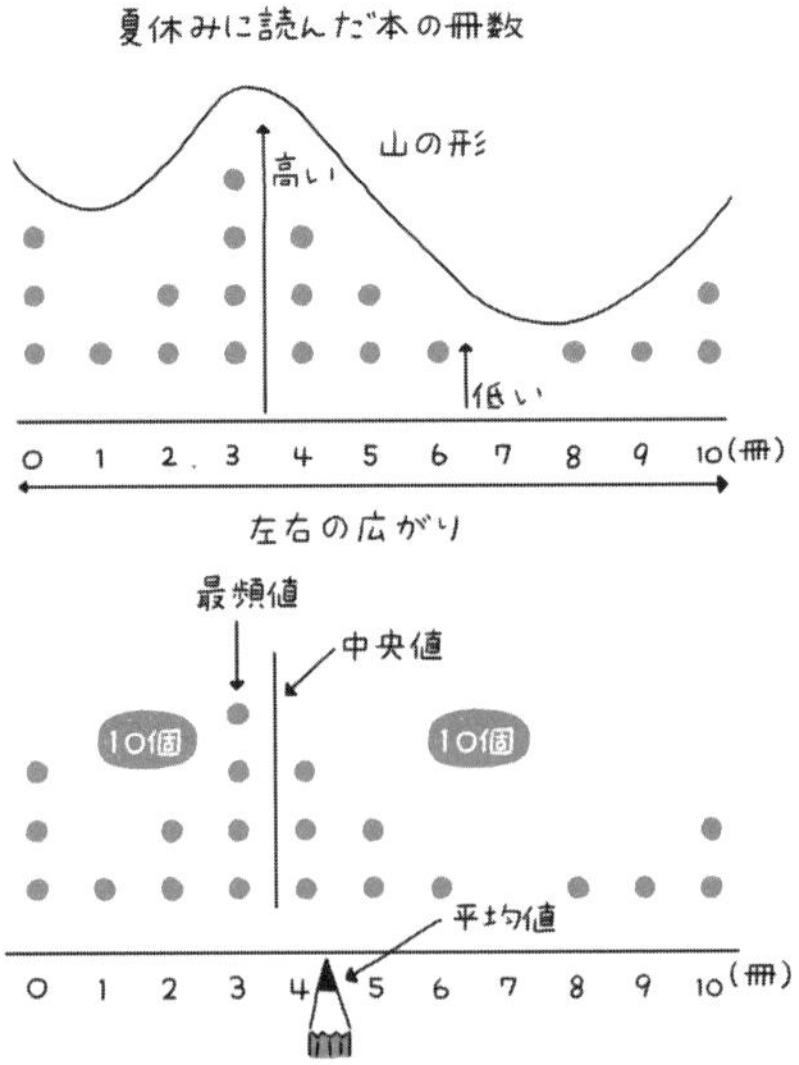
夏休みに読んだ本の冊数
山の形
高い
低い
0 1 2 3 4 5 6 7 8 9 10(冊)
左右の広がり
最頻値
中央値
10個
10個
平均値
0 1 2 3 4 5 6 7 8 9 10(冊)

第6学年では、量的データの分析の仕方を学習します。量的データが集められた状態では、ただの数字の羅列なので、そこから特徴や傾向を捉えるのは大人でも難しいです。量的データから特徴や傾向を捉えるための手法として、代表値や度数分布表、柱状グラフ、それにドットプロットなどを学習します。

ドットプロットの利点としては、かき方・読み方がとても簡単で、かつ量的データの分布の様子を的確に捉えることができるところにあります。横軸に用いる数直線は他の単元でも使っていて子供たちは慣れていますし、数直線の上にデータを○などでかく作業は、低学年で絵グラフをかいたときと似ています。柱状グラフをかくには、先に度数分布表にまとめる必要がありますが、そのような手間もいりません。

ドットプロットからデータの特徴や傾向を読み取るときに注目してほしい点は、データ全体の山の形（分布の形）です。具体的には、高い低いに注目すれば、データが集まっているところとまばらなところがわかります。左右の広がりを見れば、データ全体で値の大小に差があるデータなのかそうでないのかがわかります。左右対称に近い形なのか、それとも片方に偏っているのかというのも大事な情報になります。

また、他の学習内容と関連付けることも大切です。平均値、中央値、最頻値をドットプロット上に表示して比べてみると、代表値がデータのどういう特徴を示すものなのかを視覚的に捉えることができます。平均値は、データを表す○が重さをもっているとしたときに、ちょうどバランスが取れる点です。中央値は、データを左右で同じ数に区切るときの境界線です。最頻値は、○が一番積み上がっているところを示しています。

柱状グラフとドットプロットを比べてみると、ドットプロットを一定の間隔で区切っていって、それぞれの区切りの中にある○を1列に積み上げたものと似ていることがわかると思います。ちなみに、柱状グラフよりもドットプロットの方が簡単でかつ柱状グラフとほぼ変わらない情報が得られるため、柱状グラフは必要ないと感じてしまうかもしれませんが、データの数がすごく多くなったり、値の刻みが細かくなったときには、ドットプロットよりも柱状グラフの方が便利です。

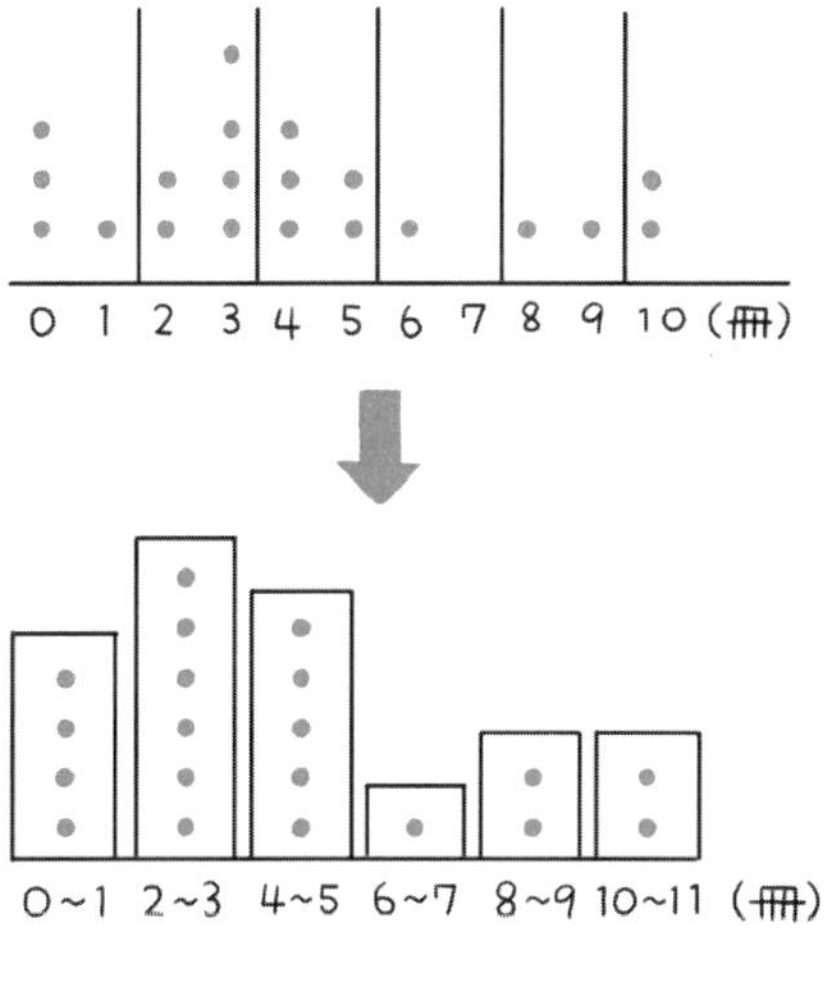

プログラミング学習はパソコンを使えるようにすることが目的なの？

プログラミング学習の目的はプログラミング的思考を育むことです。

小学校のプログラミング教育（プログラミング学習）は、学習指導要領において「学習の基盤となる資質・能力」と位置付けられた「情報活用能力」の育成や情報手段（ICT）を「適切に活用した学習活動の充実」を進める中で行われます。つまり、情報活用能力の一つにプログラミング的思考が入っています。

プログラミング的思考とは、「自分が意図する一連の活動を実現するために、どのような動きの組み合わせが必要であり、一つ一つの動きに対応した記号を、どのように組み合わせたらいいのか、記号の組み合わせをどのように改善していけば、より意図した活動に近づくのか、といったことを論理的に考えていく力」とされています。

プログラミング的思考とは、算数・数学の世界ではアルゴリズム的思考と呼ばれていました。アルゴリズム的思考とは、目的を達成するための処理を、基本的な操作に分解して、それらの順序を組み立てる方法を論理的に考えることで、プログラミング的思考とほぼ同じ意味合いです。

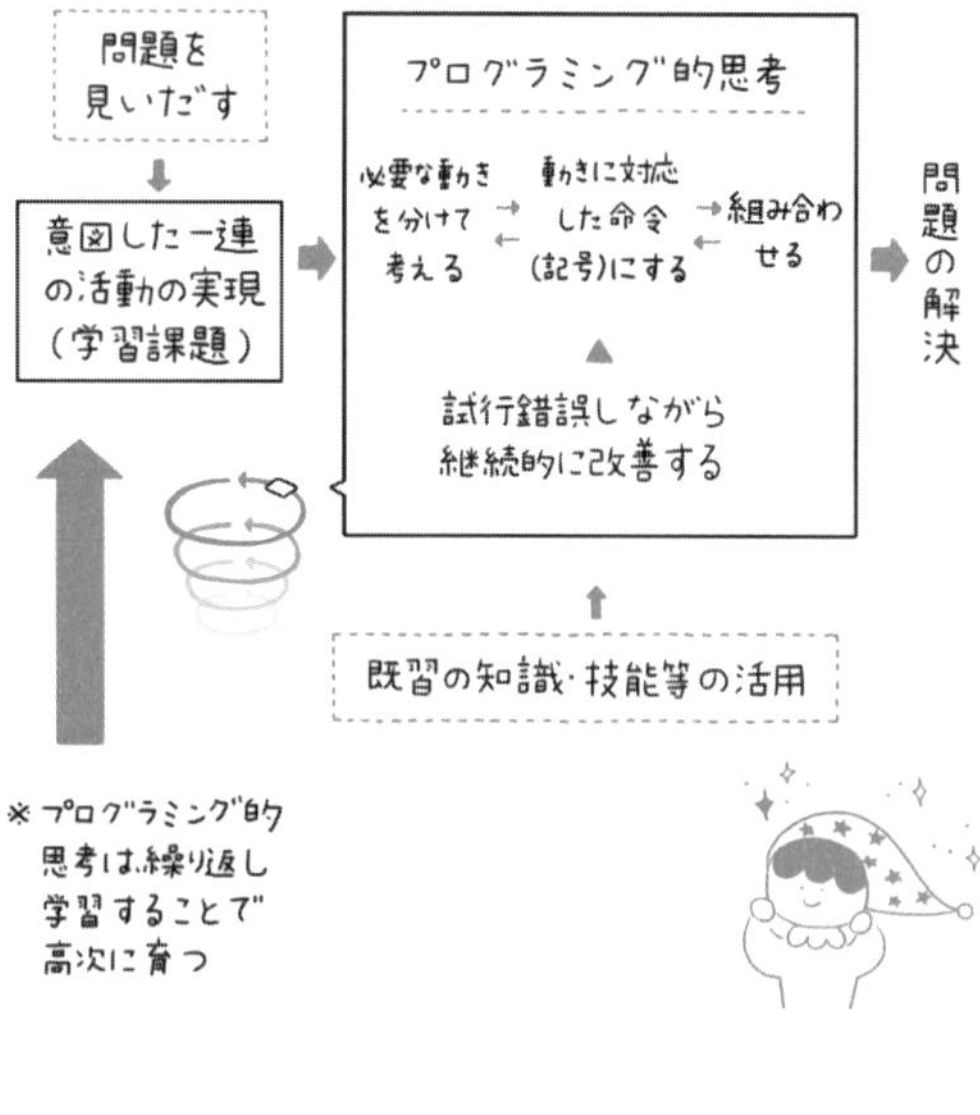
問題を見いだす
意図した一連の活動の実現（学習課題）
プログラミング的思考
必要な動きを分けて考える
動きに対応した命令（記号）にする
組み合わせる
試行錯誤しながら継続的に改善する
既習の知識・技能等の活用
問題の解決
※プログラミング的思考は繰り返し学習することで高次に育つ

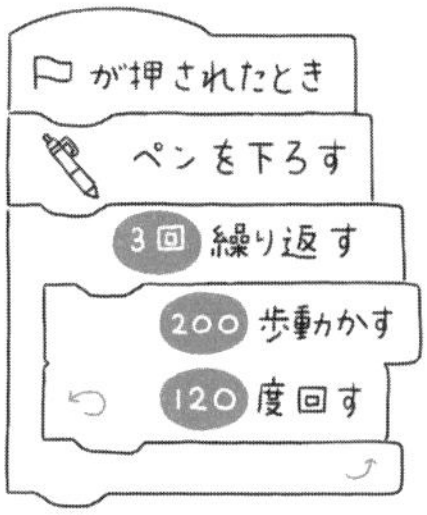
が押されたとき
ペンを下ろす
3回 繰り返す
200 歩動かす
120 度回す

どちらも、自分の思考過程を分解して、図式化し、全体を見渡せるようにすることで、問題の理解と問題解決や確認ができるようにする方法と言えます。

正多角形の作図の授業の例

学習指導要領やその解説では、第5学年の正多角形の作図でのプログラミング教育の例示がされています。この単元では、プログラミングが得意とする単純な操作を繰り返し行うことで複雑な処理ができます。

教科の中でのプログラミング教育では、単元の目標を実現するために利用されます。正多角形の作図での単元目標は以下のものです。

> 図形を構成する要素に着目し、プログラミングを通した正多角形のかき方を発展的に考察したり、図形の性質を見いだしたりして、その性質を筋道を立てて考え説明したりする力を確実に育みます

この単元での、実際のプログラミングを次に示します。このプログラムはスクラッチで作成されています。

実際に授業で行う場面において、正多角形の作図では「内角」を学びます。しかし、プログラムの制約上、指定する角度は中学校で学ぶ「外角」を指定することになります。外角という言葉を利用しなくとも指導することは可能ですが、指定する角度の性質と内角の関係を考える良い機会でもあります。

さらに、辺の数を表す「3回繰り返す」の3の数字を変えることと、角度（外角）を表す「120度回す」の120の数字を変えることで、正方形や正五角形が描けます。次に辺の数と角度の関係を考えることで、一か所を変えるだけで、どんな正多角形の作図もできることが考えられるようになります。

参考・引用文献（1）「小学校プログラミング教育の手引」文部科学省（2019）

算数でプログラミング的思考はどう扱うの？

今までの算数の指導と変わりません。ただし、児童の思考過程を可視化する手段が加わったと考えてよいと思います。

算数でのプログラミング的思考は、今まで我々が授業で行ってきた計算の手順や図形の性質など児童の理解を促す指導と大きな違いはありません。ただし、その児童の思考の過程を図式化して、全体を見渡せるようにできるツールが手に入ったと思っていいでしょう。

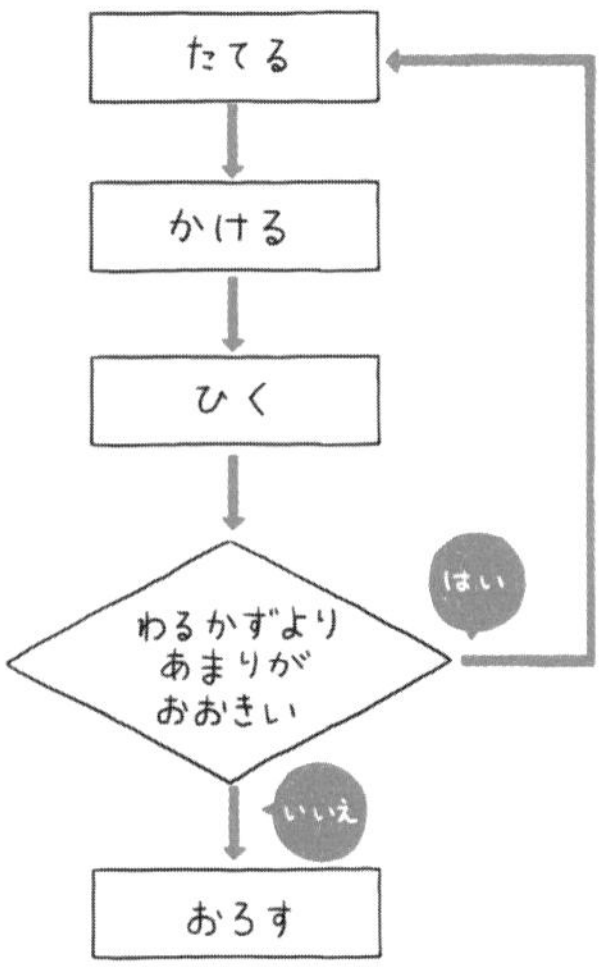

具体的には、プログラミングでよく使われるフローチャートなどのチャートによって、分解した手順を可視化します。図は、わり算における筆算の手順を簡易なフローチャートにしたものです。

わり算の筆算の指導において、児童につまずきが多いことは経験上知られています。プログラミング的思考を育む実践において成果が見られた事例に、このわり算の筆算のフローチャートを確認しながら計算を行う例があります。

わり算の筆算を学んだ後に、フローチャートを作成する活動を入れ、実際に計算する際にこのチャートのどの部分を自分が行っているか確認します。これによって、自分の計算過程を意識するとともに、間違いがあった場合に自分で気が付くことができます。

算数とプログラミング

プログラミングの主要な要素としては、順次に実行（命令の順番に実行すること）、繰り返し（指定した範囲を繰り返すこと）、条件分岐（条件によって処理を振り分けること）の三つがあります。これらの要素を用いて、処理を表現することでコンピュータは高速に処理が行えます。

　算数での思考方法には、帰納的、演繹的などの考え方が様々ありますが、プログラミングでは上記の要素を利用して表現します。この表現を利用することで、高速で再現性のある処理ができます。

　算数での、プログラミングの役割はすでに示した①思考過程の可視化に加えて、②試行錯誤が容易、③シミュレーション（試行）ができることが挙げられます。図に第6学年で学ぶ場合の数のシミュレーションの例を示します。同じ処理を繰り返せば、例えば10回目の場合も瞬時に表示されます。ノートや黒板ではできなかったことがプログラミングを利用してできるようになります。

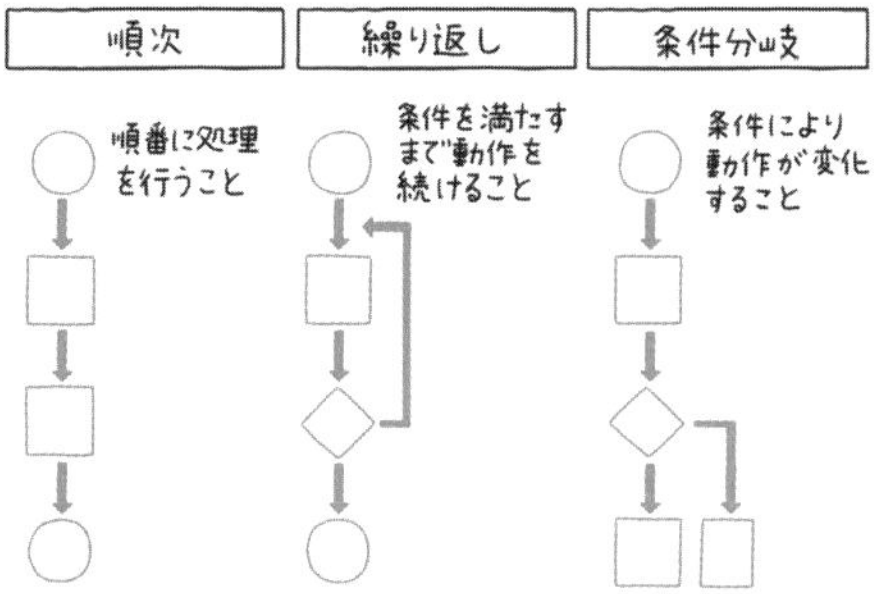
順次
繰り返し
条件分岐
順番に処理を行うこと
条件を満たすまで動作を続けること
条件により動作が変化すること

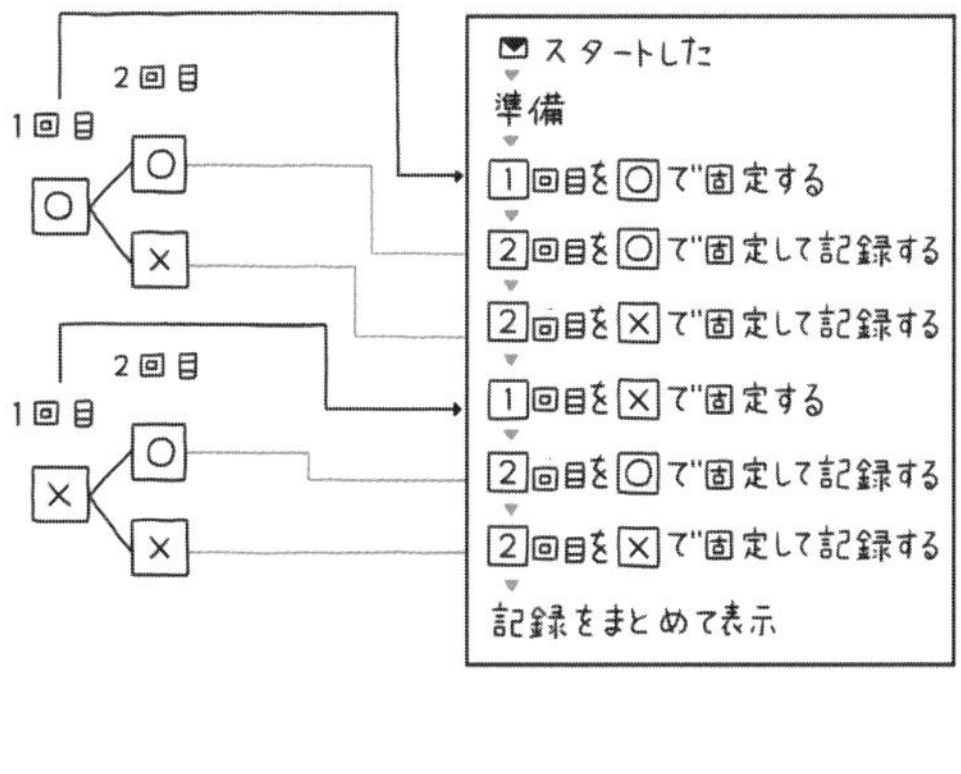
1回目
2回目
○
×
スタートした
準備
1回目を○で固定する
2回目を○で固定して記録する
2回目を×で固定して記録する
1回目を×で固定する
2回目を○で固定して記録する
2回目を×で固定して記録する
記録をまとめて表示

参考文献（1）プログラミングゼミ　https://programmingzemi.com/

Q&A 4-12

授業の中で子供同士を関わらせるポイントは？

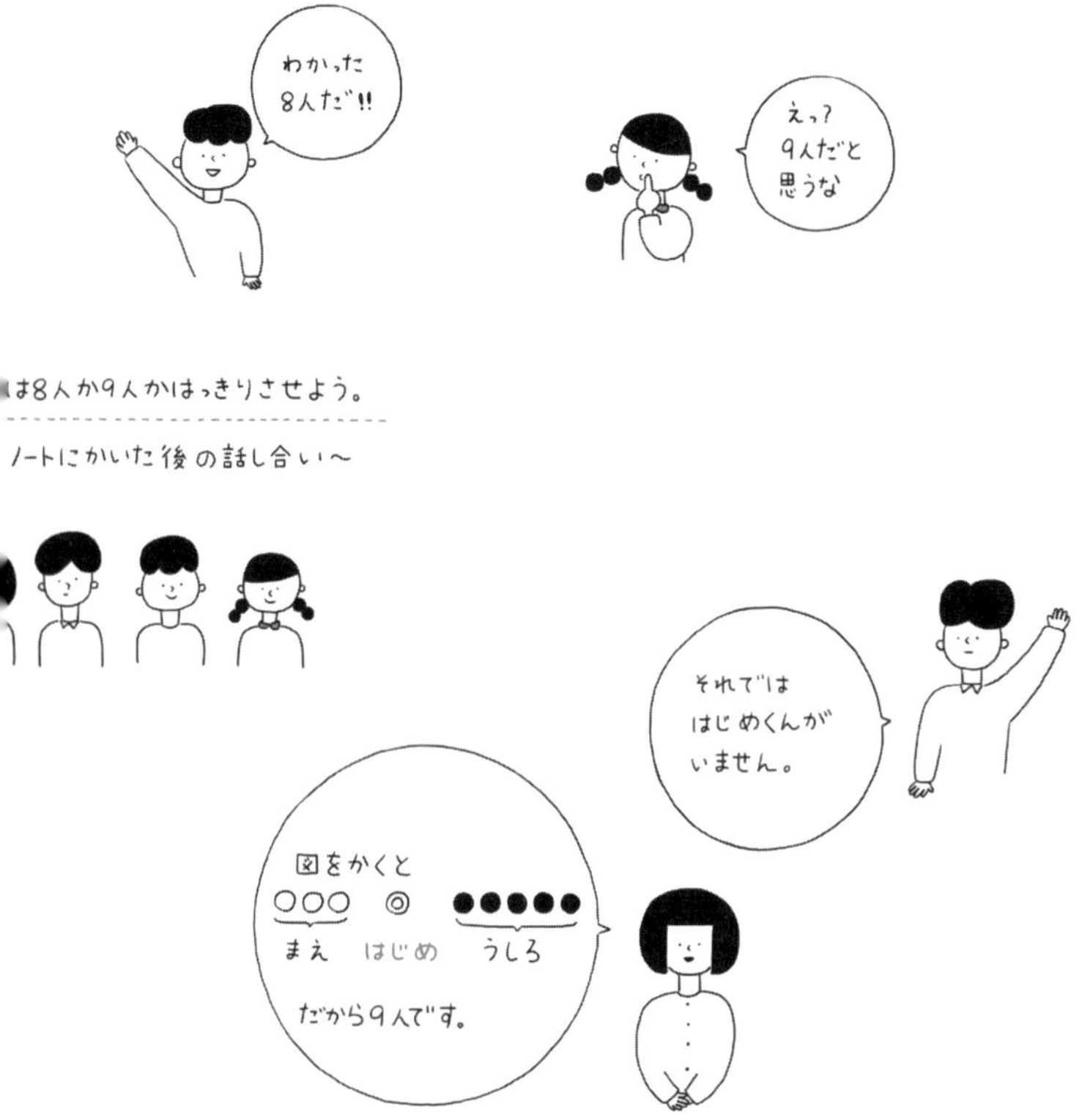

子供の心の中に問いが生まれ、自分の考えを伝えたい、ともに考えたいと思う場をつくり、目的の明確な話し合いをさせることです。

児童一人ひとりの自力解決が終わり、「では、まず自分の考えをとなりの友達に話しましょう」とか「○○さんの考えをみんなに発表してください」というような教師の問いかけで話し合いが始まる授業をよく見かけます。でも、それでは、子供たちには友達と関わる意欲も目的も生まれず、主体的な姿を引き出すことはできません。

実践例　【1年　図を使って考えよう】

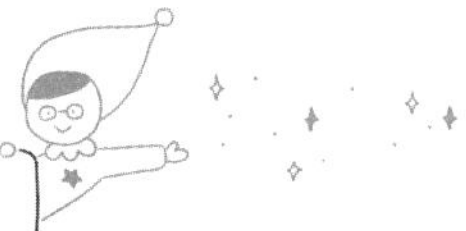

問題

バスていにひとがならんでいます。
はじめくんのまえに3人います。
はじめくんのうしろに5人います。
ぜんぶでなんんならんでいますか

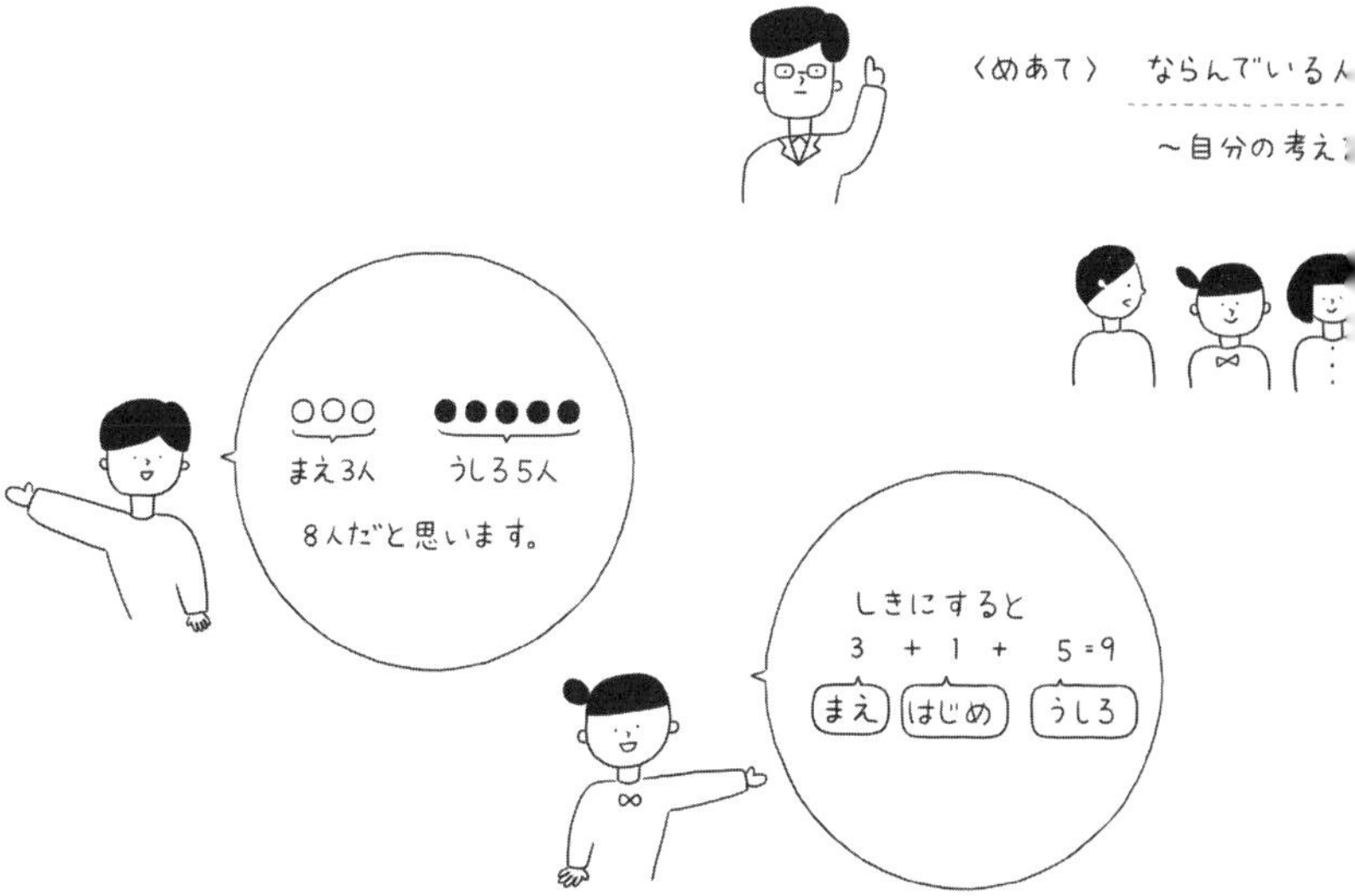
〈めあて〉　ならんでいる人
〜自分の考え
○○○　●●●●●
まえ3人　うしろ5人
8人だと思います。
しきにすると
3 ＋ 1 ＋ 5＝9
まえ　はじめ　うしろ

そこで、まず子供たちの心の中に葛藤が生まれるようなしかけをつくり、みんなに伝えたい、ともに考えたいという意欲を引き出すことが重要です。そのために、例えば、一つの課題に対して意見が分かれたり、図や式を見ただけではその考えがわからなかったり、多様な考えを比較してよりよい考えを追求させたりするような場を設定し、子供たちの問い（？）を引き出し、心が揺れたときを逃さず、友達同士で意見をぶつけ合わせることが重要です。それにより、子供たちは「？」を解決したいという明確な目的をもち、主体的に友達と関わっていくのです。

「見通し」と「振り返り」は、なぜ重要なの？

算数の学習は、問題解決の過程に沿って展開されることが多いです。そこで、問題が提示され問題が理解できたら、問題解決するにあたって児童自らが、既習事項や既有経験を想起して「解決の見通し」をもつことが大切です。「今までに習った○○の考え方、○○の方法が使えそうだ」「答えは○○ぐらいだろう」と見通しをもつことで「主体的な学び」につながっていきます。そして、数学的な見方・考え方を働かせて問題解決する力を育てることにもなります。また、「見通し」をもつ際には、この問題は、どのような点に着目して数学的な見方・考え方を働かせると解決できるのかを考えることも重要です。

【解決の方法の見通し（例）】

・具体物（おはじきやブロック）を用いる　・式に表す　・図（○やテープ図、線分図、面積図、アレイ図、数直線図等）に表す　・表に表す　・グラフに表す　・○を基にする（単位の考え）　・特別の場合から考える　・簡単な場合に置き換える　・分けて考える　・逆向きに考える　など

「振り返り」は、算数・数学のよさを味わい、算数・

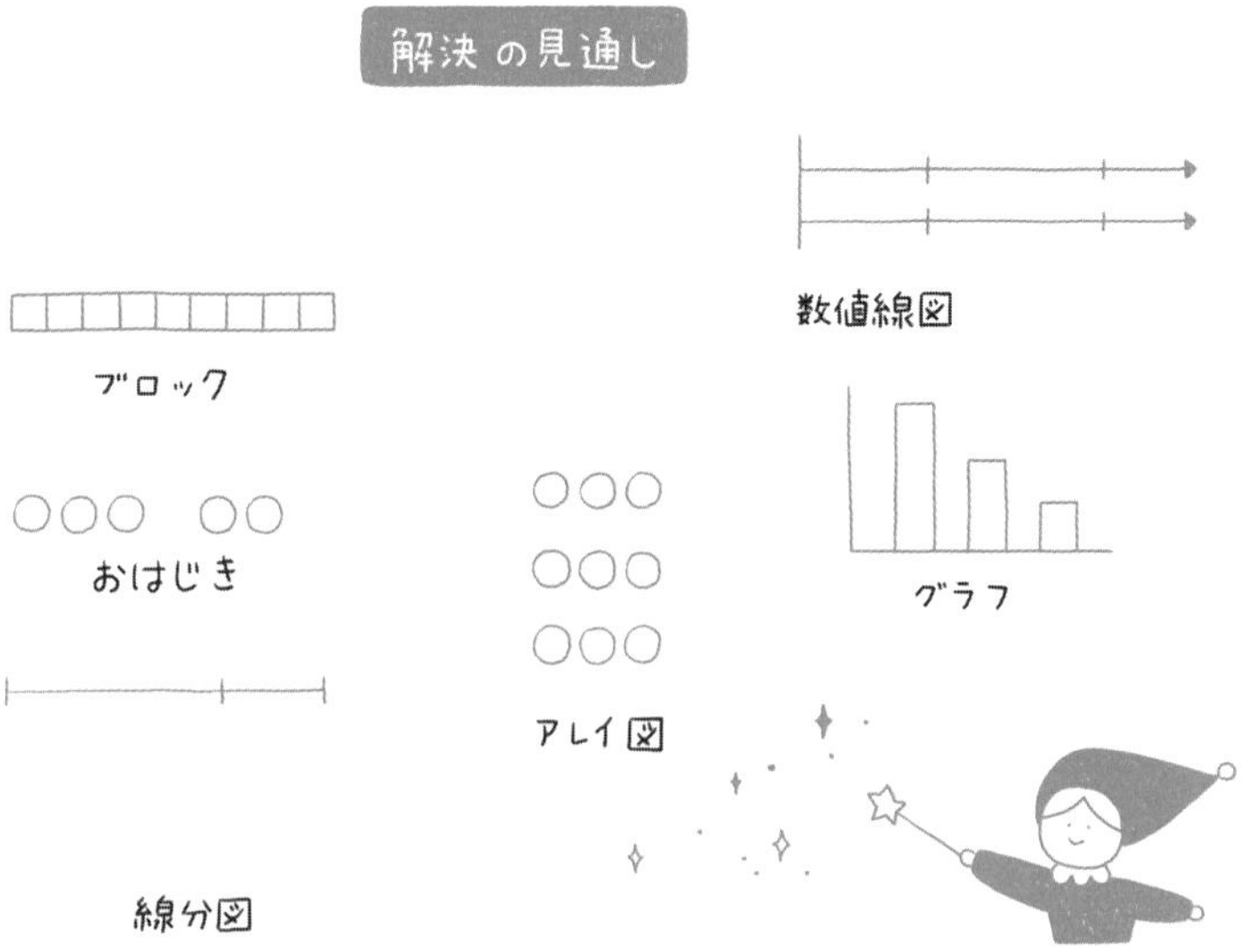

数学を意欲的に学習する態度を育てるために必要です。数学的に表現・処理したことや自らが判断したことを振り返り、状況によってはそれを批判的に検討するなどして、考察を多面的に深めたり多面的に分析したりすることが、よりよい問題の解決、「深い学び」につながります。また、それぞれの考え方の類似点や相違点を検討していく中で、それぞれの考え方を統合し、一般化することも可能になります。さらに、解決の結果や方法を他の問題にも発展できないかと新たな問題を設定して解決したり、元の問題と新たに設定した問題との関連性や共通性等に着目して、考え方や方法を統合することもできます。そして、児童が自力解決しているときに、解決の計画段階で立てた「見通し（考え方や方法）」を自分の解決方法を振り返り軌道修正することもあります。

【振り返りの視点（例）】

・新しくわかったこと　・大切だと思ったこと　・疑問に思ったこと　・面白いな、すごいなと思ったこと　・今までの学習と似ているところ　・友達の考えでよかったところ　・次に生かしていきたいこと　・新たに考えたいこと　・さらに考えを深めたいこと　など

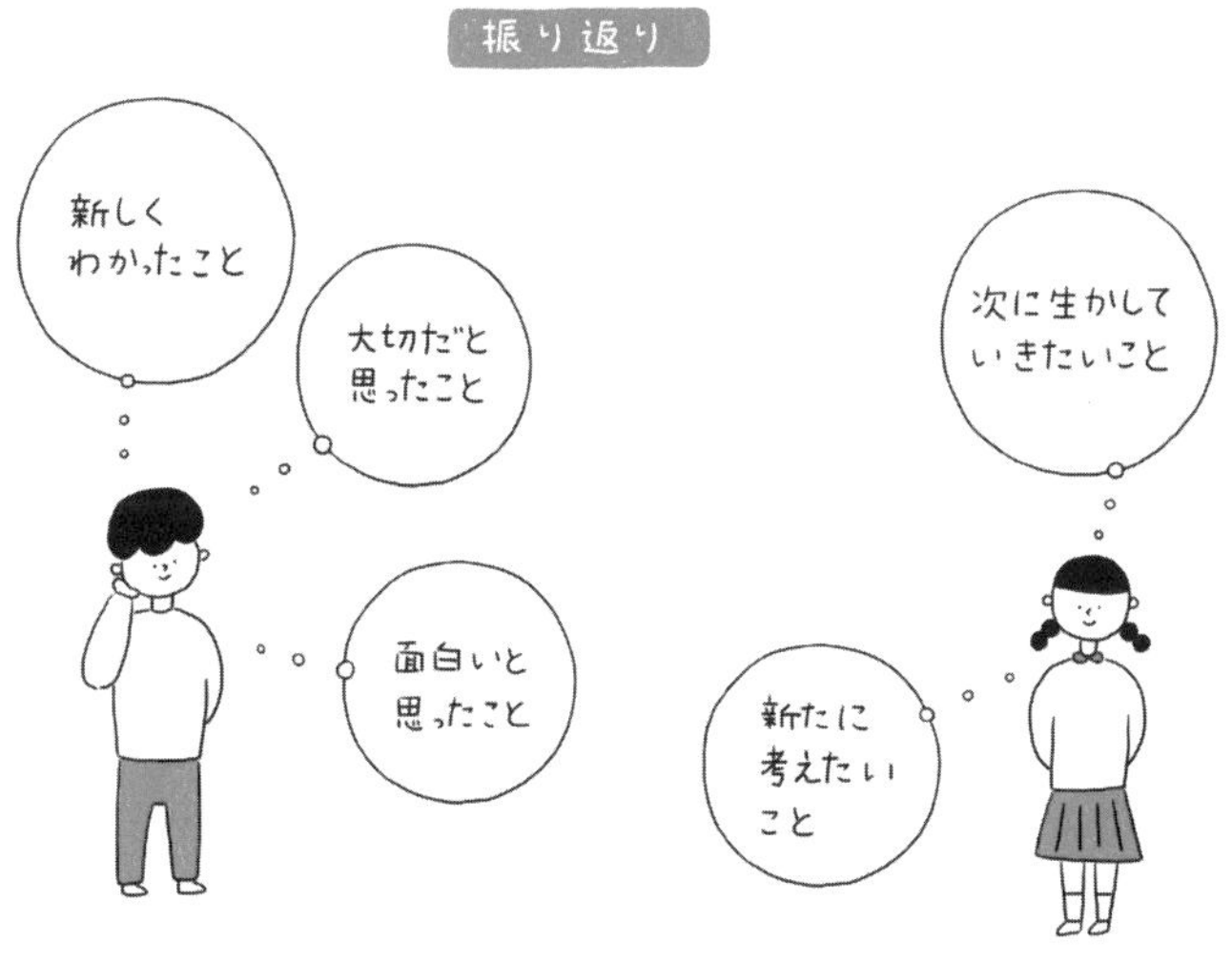

子供が問題を発見するには、どう授業を変えたらいいの？

子供が問題を発見するとは、どういうことでしょうか。杉岡司馬氏は、問題の取り上げ方には大きく二通りあり、「問題提示型」と「問題設定型」があると述べています。[1]「問題提示型とは、教師が考えた問題や教科書の問題を一方的に子供に提示する」タイプです。「問題設定型とは、子供が教師の援助協力を得ながら」問題を作り上げていくタイプです。本稿では、子供が問題を発見することを、「問題設定型」で捉えていきます。

それでは、子供が問題を発見することには、どんな意義があるのでしょうか。一つは、問題に取り組む必要性が子供にもわかるため、子供は主体的に問題に取り組むことになります。もう一つは、「数学的な見方・考え方」を伸ばすことになります。例えば、「あのときはこうだったから、今度はこういうことができるのではないか」（類推的に考える）とか、「もし～だったら」と適用範囲や条件を変えて考える（発展的に考える）ことにつながっていきます。

今、学んでいることを、既習事項とつないだり、学んだことから、どんなことができそうか、次の学びへとつないだりする等、場面と時間を十分に確保することが大切です。

あきらさんは、26円のグミと　　　を買います。代金はいくらになりますか。
13円のすだこ
21円のラムネ
37円のドーナツ
どれにしようかな。
26 +13 39
26 +21 47
26 +37 513 ??
場合を分類整理
くり上げなし
これは今までの勉強で、できる。
くり上げあり
一の位が13になる。今までと違うなあ。
※「くり上げなし」の枠の外に向けて…
これから学習していくことは何かを、子どもが明確にしていく

図①

つづいて「子供が問題を発見する」授業を展開するための、指導上の留意点を述べることにしましょう。

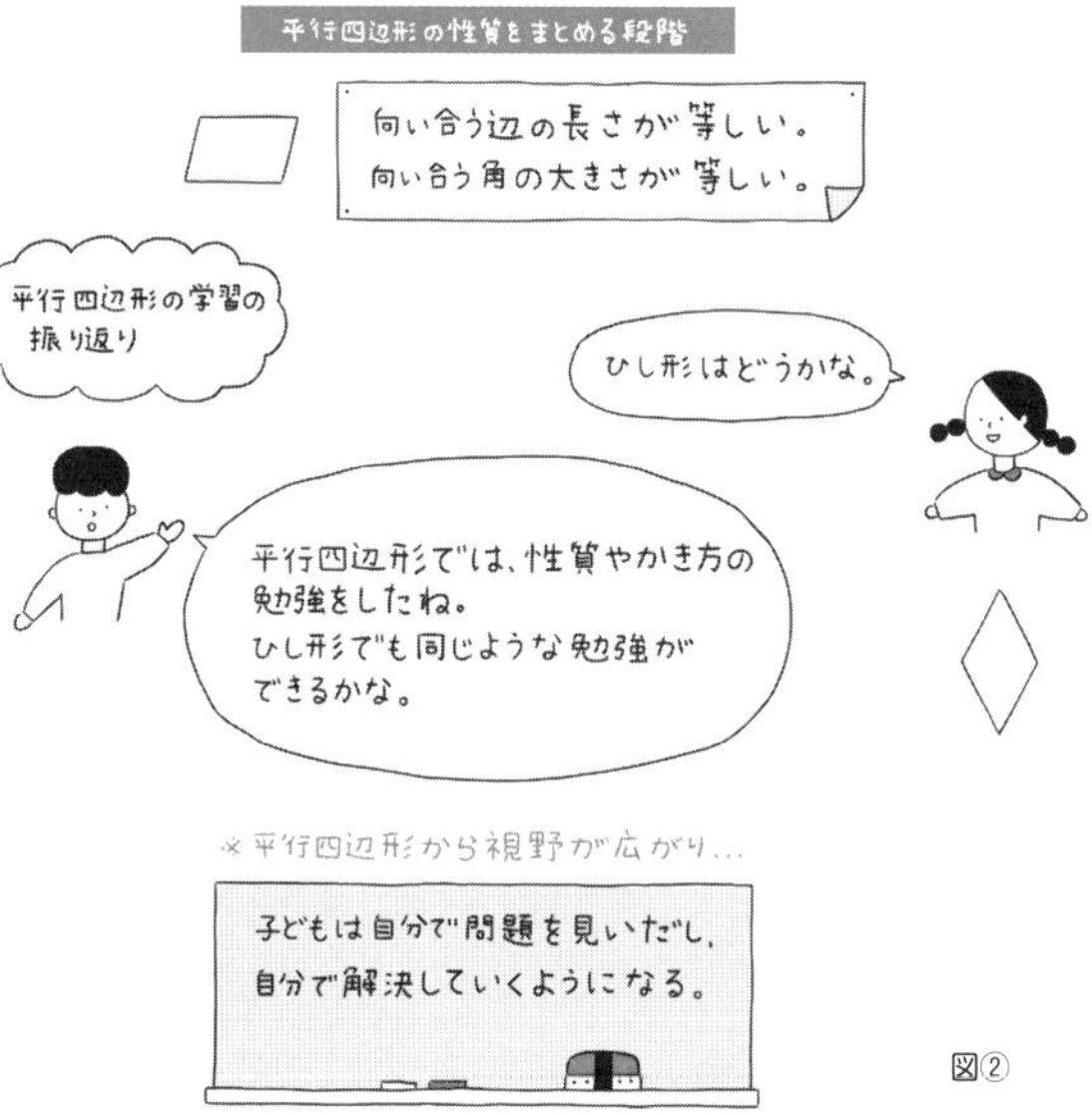
平行四辺形の性質をまとめる段階
向い合う辺の長さが等しい。
向い合う角の大きさが等しい。
平行四辺形の学習の振り返り
ひし形はどうかかな。
平行四辺形では、性質やかき方の勉強をしたね。
ひし形でも同じような勉強ができるかな。
※平行四辺形から視野が広がり…
子どもは自分で問題を見いだし、自分で解決していくようになる。
図②

清水静海氏は、学習指導における問題の設定のポイントとして[2]「教師が与えた問題が子供において問題となるようにすること」「教師が与えた問題を契機として子供自ら新たに問題を設定したり構成したりできるようにすること」等を挙げています。子供が問題を発見するために、教師がどんな支援をしていくかが鍵になります。

図①は、既習事項と異同弁別することで、これから学習することは何かを、子供が明確にしていく姿を示しています。買い物場面は教師が与えていますが、場合を分類整理していく中で、これから考えていかねばならない問題が見つかります。図②は、平行四辺形の性質の学習をまとめる段階です。学習したことを振り返り、次に学習するひし形の性質に関する問題を設定している姿を示しています。

「科学は一つの問題を解決するのに、いつも十の問題を新たに作りだす」。これは劇作家バーナード・ショーの言葉です。問題発見にも、意を注ぐことは大切です。

(1)『「学び方・考え方」をめざす算数指導』杉岡司馬（2022）東洋館出版社
(2)『子供の問題解決を支援する算数授業』清水静海（1998）明治図書

「はかせ」だけでは不十分？

「は・か・せ」にこだわりすぎると、子供たちの素朴な考えが出なくなったり、それぞれの考えのよさに触れられなかったりすることもあります。

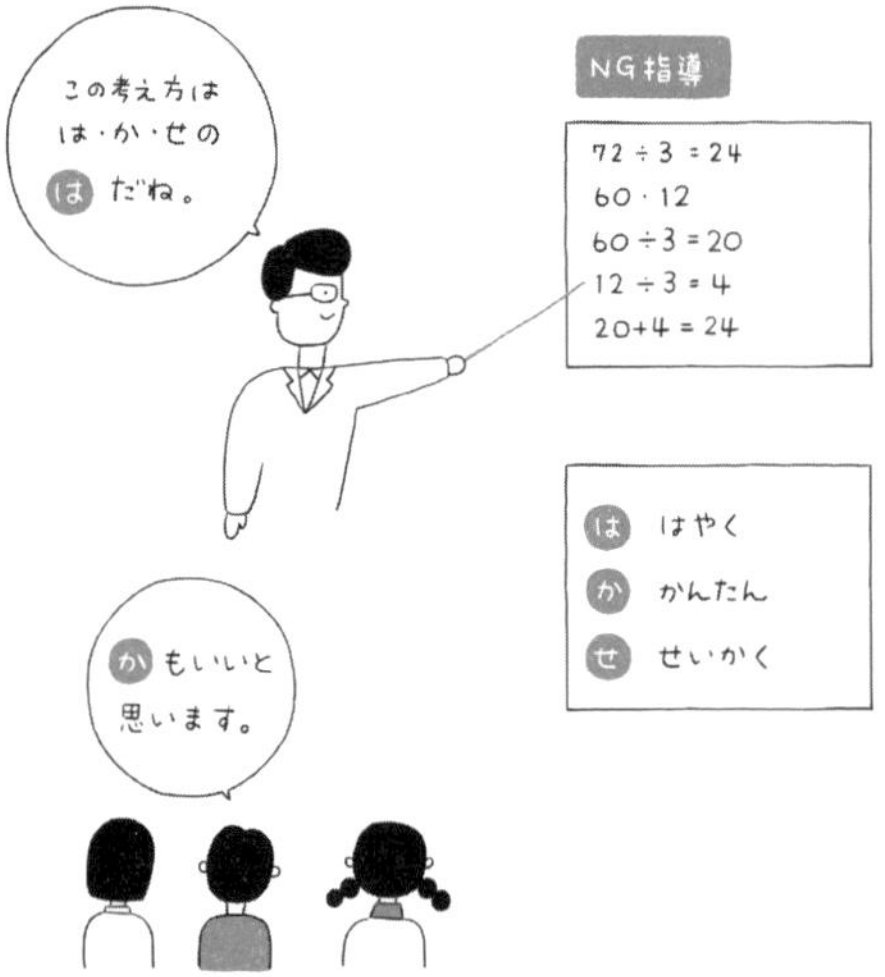
NG指導
72÷3＝24
60・12
60÷3＝20
12÷3＝4
20＋4＝24
この考え方は は・か・せの は だね。
は はやく
か かんたん
せ せいかく
か もいいと思います。

授業で、自力解決後、練り上げの場面で、教師が「この考え方は『は・か・せ』のどれにあたるかな？」と問いかけているところを目にします。考え方や方法などを比較して話し合うために、視点を与えることは大切です。しかし、この「は・か・せ」で練り上げていいものなのでしょうか。

そもそも、この「は・か・せ」とはどのようなことなのでしょうか。

（は）…はやく　（か）…かんたん　（せ）…せいかく

また、この「は・か・せ」に（どん）…どんなときもをつけて「は・か・せ・どん」としているところもあるようです。

この「はやさ」で比べることに、どれほど価値があるのでしょうか。もちろん計算などの技能は速くできることに越したことはありません。しかし、速いかどうかで、子供たちが考えたことを価値づけるのはどうでしょうか。

OK指導

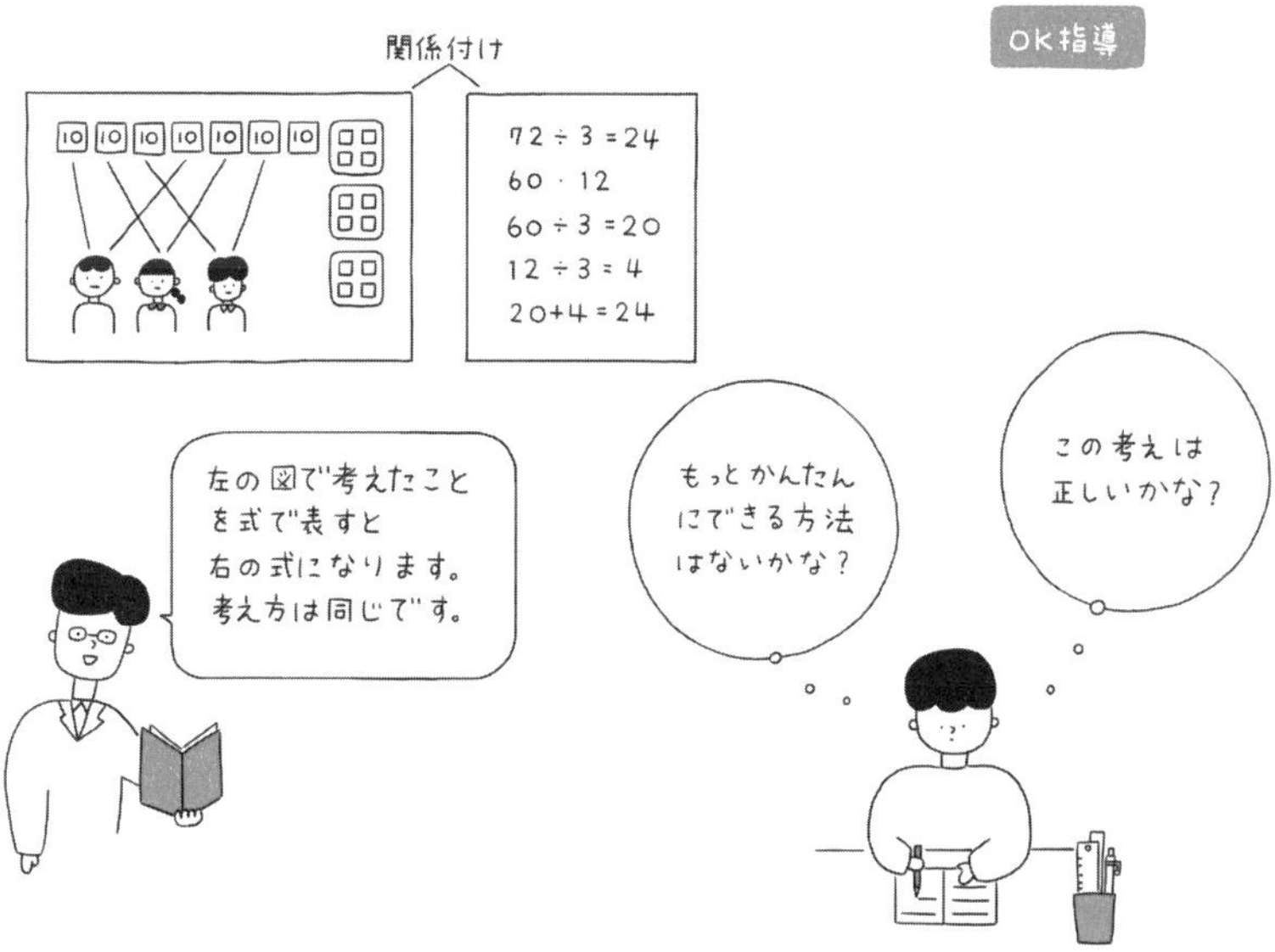

また「せいかく」かどうかは、正確な方がいいに決まっています。しかし、誤答の中にも考えるヒントがあったり、誤答を直していく中でよりよい考えにたどり着いたりすることもあるはずです。

こう考えていくと、算数の学力＝計算力と考えている節も考えられます。本来は「はやく」も「かんたん」も手際のよさを言っている言葉だと思います。子供たちの考えや方法を話し合うときには、「手際のよさ」だけでなく「いつでも使えるか」などを視点としていくことが大切です。

さらに、この「は・か・せ」を強調しすぎると、素朴な考えや図や絵を使った考えは出にくくなってしまいます。素朴な考えを話し合いで高めていく、そのような授業をしていくことがよいのではないでしょうか。

もちろん自力解決の時に、自分自身で「この考え方は正しいかな」とか「もっと簡単な方法はないかな」と考えることは大切です。

「数学的な見方・考え方」の育成を目指し、それぞれの考えのよさを話し合ったり、図・式・言葉を関係付けたりして、よりよい練り上げの仕方を工夫していくことが望まれます。

子供の間違いを生かした授業をするには？

子供の間違いを生かした授業を進めるには、解決方法に含まれる「数学的な見方・考え方」を適切に評価し、誤答や不十分な考えを授業の中で生かしていくことが大切です。正答するかどうかに重点を置かないことです。そのためには、以下のことを念頭において授業を進めます。

① 子供の「数学的な見方・考え方」を大切にします。

② 授業の中で間違いを取り上げ、対話的な学びの中で生かしていきます。

③ 子供の間違いを生かすことで深い学びとなるようにします。

第1学年「たしざんとひきざん（2）」の「図を使って考えよう」の場面を例に挙げてみましょう。

「バスていに人がならんでいます。まりさんのまえに4人います。まりさんのうしろに3人います。ぜんぶでなん人ならんでいますか。」の場面においてクラスの大半の子供が「4＋3＝7」と答えることが予想されます。

理由を聞いてみると「全部を求めるのだからたし算」「前と後ろをたせば全体が求められる」など、はっきりしています。

この考えを取り上げ、問題文にあった通りに実演するとよいです。「4＋3＝7」が間違いであることに気付き、図を用いて説明する活動へと進んでいきます。

全部だからたし算だ　4＋3に決まっている
実演している様子
あれ？　まりさんがいない
全部で8人になっている
←
図を用いて説明してみよう

第6学年「比と比の値」の場面について同様なことが言えます。

「ゆみさんとたかしさんの色紙の枚数の比が3：5に

なるように分けます。色紙は120枚あります。たかしさんの色紙は、何枚ですか。」

予想される子供の反応としては、以下の二つです。

① 比の性質を使った解法　② 全体を1とみる（比の一つ分を求める）解法

$5:8=x:120$　　$120\times\frac{5}{8}=(120\div8\times5)$

しかしながら、$3:5=120:x$として比の性質を使って解く間違いが考えられます。

ゆみさんは120枚だから
120枚の割合は「5」ではない！
あれ？
全体の枚数が
増えてしまう
120は全体の枚数だったんだね
3＋5＝8で全体の比は8なんだ！

この解法は、①と②のどちらの「数学的な見方・考え方」を用いたのか、どこが間違いなのか、どう考えればよかったのか、どんな問題場面だとこの式になるのか等を対話的な学びの中で明らかにしていくことが大切です。

前時と同じ比の性質を使えばできる 　たかしさんの枚数をxとすると 問題文 あれ？　全体の枚数が増えてしまう 　120枚の割合は「3」ではない ← 120は、全体の枚数だったね。 3＋5＝8で全体の比は、8なんだ。

以上のように、教師は、授業で子供が働かせる数学的な見方・考え方を想定しておくとともに、子供の発想を広く受け止めるための準備（教材研究）をしておく必要があります。子供の考えには、その子なりの論理があります。正答のみを代表例として扱って授業を進めることがないようにしましょう。

練り上げをうまく行うにはどうしたらいいの？

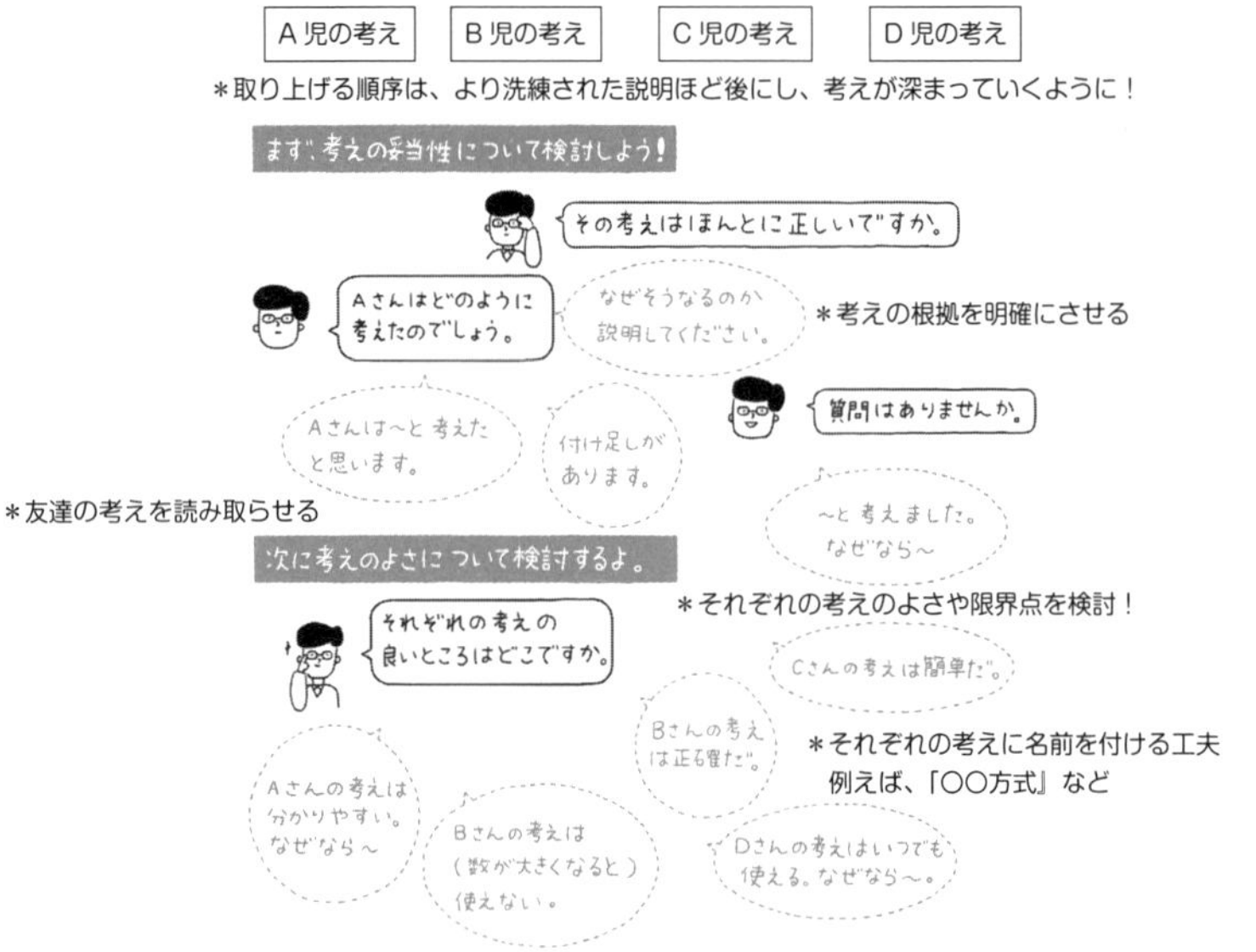
A児の考え
B児の考え
C児の考え
D児の考え
＊取り上げる順序は、より洗練された説明ほど後にし、考えが深まっていくように！
まず、考えの妥当性について検討しよう！
その考えはほんとに正しいですか。
Aさんはどのように考えたのでしょう。
なぜそうなるのか説明してください。
＊考えの根拠を明確にさせる
質問はありませんか。
Aさんは〜と考えたと思います。
付け足しがあります。
〜と考えました。なぜなら〜
＊友達の考えを読み取らせる
次に考えのよさについて検討するよ。
＊それぞれの考えのよさや限界点を検討！
それぞれの考えの良いところはどこですか。
Cさんの考えは簡単だ。
Bさんの考えは正確だ。
＊それぞれの考えに名前を付ける工夫
例えば、「〇〇方式」など
Aさんの考えは分かりやすい。なぜなら〜
Bさんの考えは（数が大きくなると）使えない。
Dさんの考えはいつでも使える。なぜなら〜。

自力解決後の検討場面が、それぞれの考えの発表会で終わってしまっては、子供の思考力・判断力・表現力は育っていきません。そこで、子供たちの主体的な話し合い活動を通して、それぞれの考えを深め合い、よりよい考えにつなげていく練り上げの場面の充実が大切です。

練り上げの場面では、取り上げる考えの順番を考慮し、子供も教師も「Ⅰ考えの妥当性、Ⅱ有用性、Ⅲ関連性、Ⅳ解決方法の選択」の四つの視点を意識し、子供たち相互の話し合いを主体的に進めていくようにします。

実際に話し合いを深めていく際の配慮点は、まず、考えが深まっていく過程を重視しながら、取り上げる考えの順番や提示の仕方を決めます。

Ⅰ　それぞれの考えの不明な点や疑問点を相互に出し合い、考えの根拠を明確にしていきます。論理的に筋道が立っていれば、一つの考えとして尊重していきます。

Ⅱ　それぞれの考えの特徴について検討し、考え（アイデア）を明確にしていきます。そのために、それぞれの考えにネーミング等の工夫をすることも有効です。ま

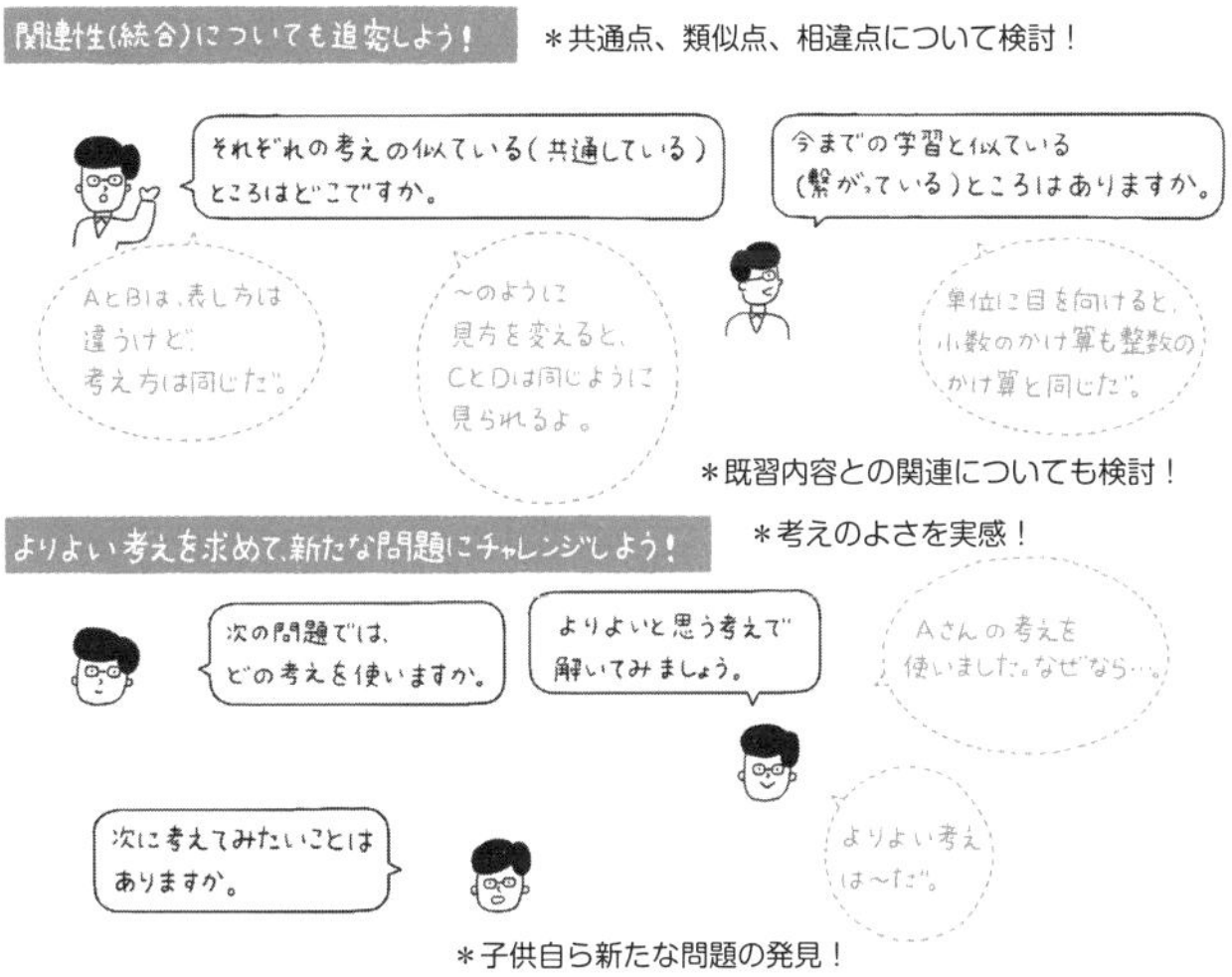
関連性(統合)についても追究しよう！
＊共通点、類似点、相違点について検討！
それぞれの考えの似ている(共通している)ところはどこですか。
今までの学習と似ている(繋がっている)ところはありますか。
AとBは、表し方は違うけど、考え方は同じだ。
〜のように見方を変えると、CとDは同じように見られるよ。
単位に目を向けると、小数のかけ算も整数のかけ算と同じだ。
＊既習内容との関連についても検討！
よりよい考えを求めて、新たな問題にチャレンジしよう！
＊考えのよさを実感！
次の問題では、どの考えを使いますか。
よりよいと思う考えで解いてみましょう。
Aさんの考えを使いました。なぜなら…。
次に考えてみたいことはありますか。
よりよい考えは〜だ。
＊子供自ら新たな問題の発見！

＊こうした子供の発言例をキーワードとして取り上げ、掲示等をすることにより、発言の視点が明確になり、発表の活性化が期待できる。

た、それぞれの考えについて、簡潔さ、明瞭さ、的確さ、一般性、発展性などの観点から見るとどんな価値があるのかを考え、考えのよさを明確にしていきます。

Ⅲ　それぞれの考えをある観点で分類・整理していくようにします。子供は、それぞれの考えの違いには目が向いても、共通性や関連性を見いだしていくことには抵抗が大きいのですが、例えば、図や式等で表されたそれぞれの考えの相互の関連性について検討していくことにより、考えがより深められます。また、適宜、統合の観点を教師側から提示して、一見バラバラに見えた考えの関連性を掴むことのよさを味わうことも重要です。

Ⅳ　ねらいに迫る考えが有効に働き、よさが実感できる問題を新たに提示し、子供たち一人ひとりが最もよいと思う考えを選択し、実行させるようにします。また、それぞれの考えで新たな問題を解くだけでなく、なぜその考えを選択したのか、その根拠を明らかにさせることも大切にします。このように、選択した考えのよさを感得し、他の問題場面でも主体的に活用していく態度の育成を図るようにしていきます。

　こうして検討の場面を充実させ、それぞれの考えのよさに気付き、統合的・発展的に考えを深めるようにしていくことが重要です。

自力解決は短くしないといけないの？

一時間の授業内容によって、適切な長さがあります。自力解決以外にも本時のねらいに迫るために必要な活動があるので、その時間を確保できるように計画的に時間配分をします。

学習に主体的に取り組むために自分で考えることや自分の考えをもつことはとても大切です。その時間を確保することは必要ですが、その長さは吟味が必要です。

一時間の授業構成を、問題をつかむ段階、解決し検討する段階、解決を振り返ってまとめる段階と大きく三つに分けて考えます。つかむ段階では問題を見いだしたり、何を解決したらよいか見通しをもったりします。解決・検討段階では、自力解決したり解決の仕方や結果についてグループや学級全体で話し合ったりします。そして本時の学習をまとめたり次の学習への見通しをもったりします。こう考えると、一時間の授業の中で自力解決にかける時間が決まってくると思います。見通しをもたずに自力解決に入るとせっかく一生懸命考えたことが本時のねらいから外れてしまうことがあります。また、自

問題をつかむ
・問題を見いだす
・解決の見通しをもつ
○○が使えるかもしれない
今日の問題はこれだな！
どう考えればいいかな？
解決・検討する
・自力解決する
・解決の仕方や結果について話し合う
○○さんはどう考えたのかな？
あ、わかった！
○○さんと□□さんの考えは似てるな！
こう表すとさらにわかりやすくなるぞ
振り返る、まとめる
・学習のまとめをする
・次の学習への見通しをもつ
○○を使って考えたら□□ができた！
次に○○について考えてみたいな
○○さんの考えは…がすごい！

力解決した後に友達との検討が十分されないと、間違った考えが修正されなかったり多様な考えやよりよい解決

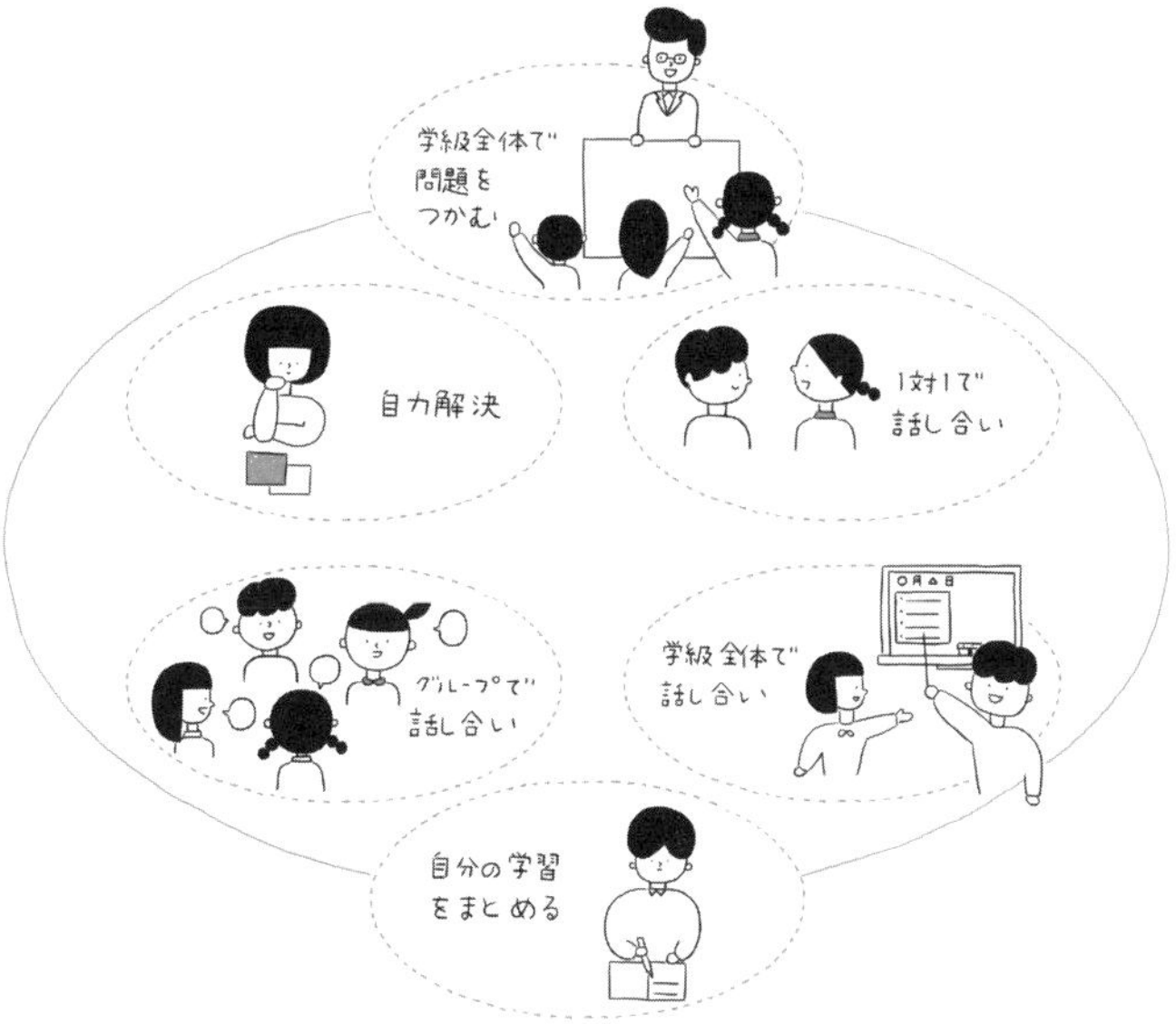

について学べなかったりします。そして振り返りやまとめによって今日学習したことの価値や学ぶ楽しさを実感することができます。

　また、自力解決の時間は一律に決めるものではなく、単元計画や教材、活動内容によって柔軟に設定していく必要があります。

　学級全体やグループで十分に活動したり話し合ったりしてから自分で解決する場合もあるでしょう。一人で解決することを中心において十分時間をかける場合もあるでしょう。児童にどんな力を付けたいかによって工夫するとよいでしょう。

　さらに、実際に授業をやりながら、児童の反応を見て、自力解決を中断したりあるいは延長したりする場合もあります。自力解決に入ったものの、児童がねらいから外れた活動をしていたり、手のつかない児童が多かったりした場合は中断して、グループや全体での話し合いに切り替える必要があります。反対に、自力解決を設定した時間が終わりになっても、よい考えが出てきてまだ夢中に解決している場合は延長させることもあるでしょう。いずれにしても、目の前の児童の反応をよく見て柔軟に対応し、解決する楽しさや喜びにつなげていけると素晴らしいと思います。

クラス内で理解の差があるときには、どんな指導をすればいいの？

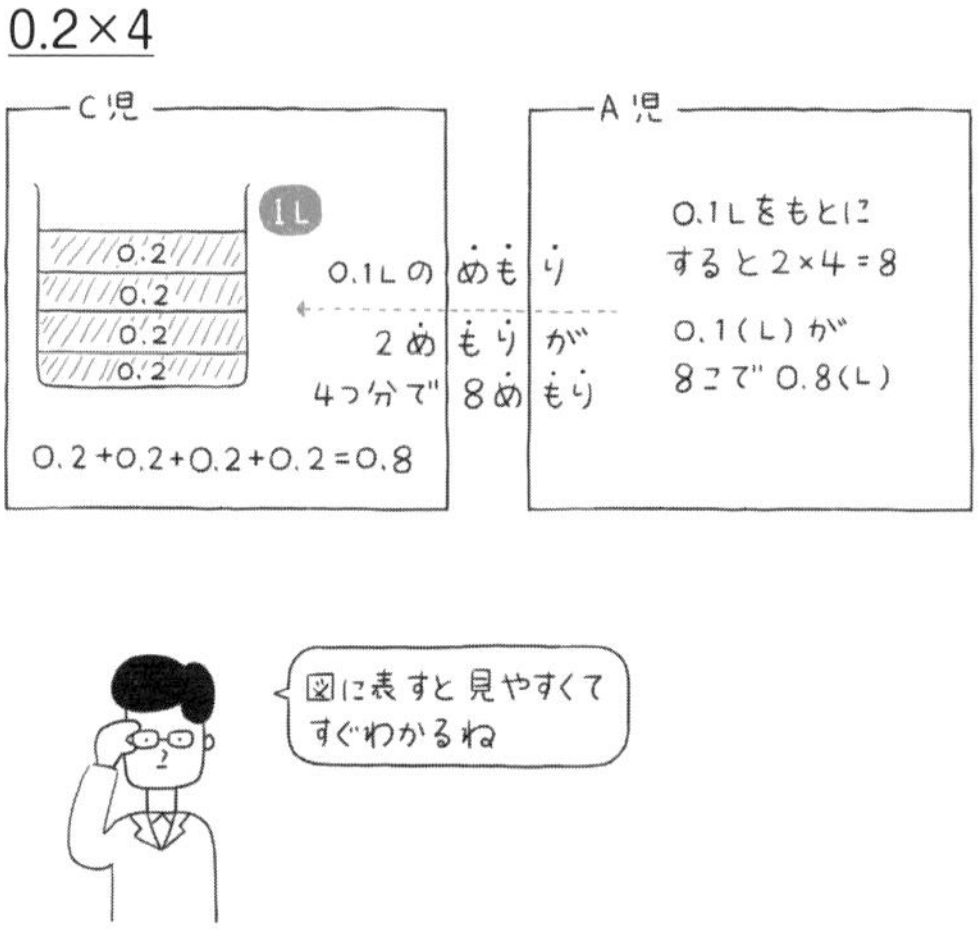
0.2×4
C児
1L
0.2
0.2
0.2
0.2
0.1Lのめもり
2めもりが
4つ分で8めもり
0.2+0.2+0.2+0.2=0.8
A児
0.1Lをもとにすると2×4=8
0.1(L)が8こで0.8(L)
図に表すと見やすくてすぐわかるね

自力解決の時間に個別に支援を行ったり、比較検討の時間にそれぞれのやり方を関連付けたりすることが大切です。

一般的に、クラス内では理解の差があることは当然のことです。むしろ、理解の差があることを前提に授業を組んでいかなければなりません。

授業で理解の差を感じるのは、自力解決の時間が多いからでしょう。A児（理解が早くどんどん学習が進められる子）は教師の支援がなくとも一つの考えだけではなく、二つ目、三つ目と解決方法を考えていけます。

一方、C児（教師の支援が相当必要な子）は手がつかず演算決定さえもままならないこともあります。そのようなときC児たちを教室の片隅に集め、教師の支援のもと「算数サポートコーナー」で問題把握や解決の見通しを立たせるなど、スモールステップで丁寧に支援することが大切です。このような支援を行い、全員の児童が少なくとも1通りの方法で解決できていることで、比較検討段階の活動が有意義なものになります。

比較検討段階では、素朴な解決方法から順に取り上げることが一般的です。それらの考えが出された後には、「どの方法がよいでしょう」という選択ではなく、出された意見を関連付けたり価値付けたりし、A児にもC児にも成就感をもたせることが重要です。

解決のヒントになったり表現力が育成されたりするような学習掲示物を工夫しましょう。

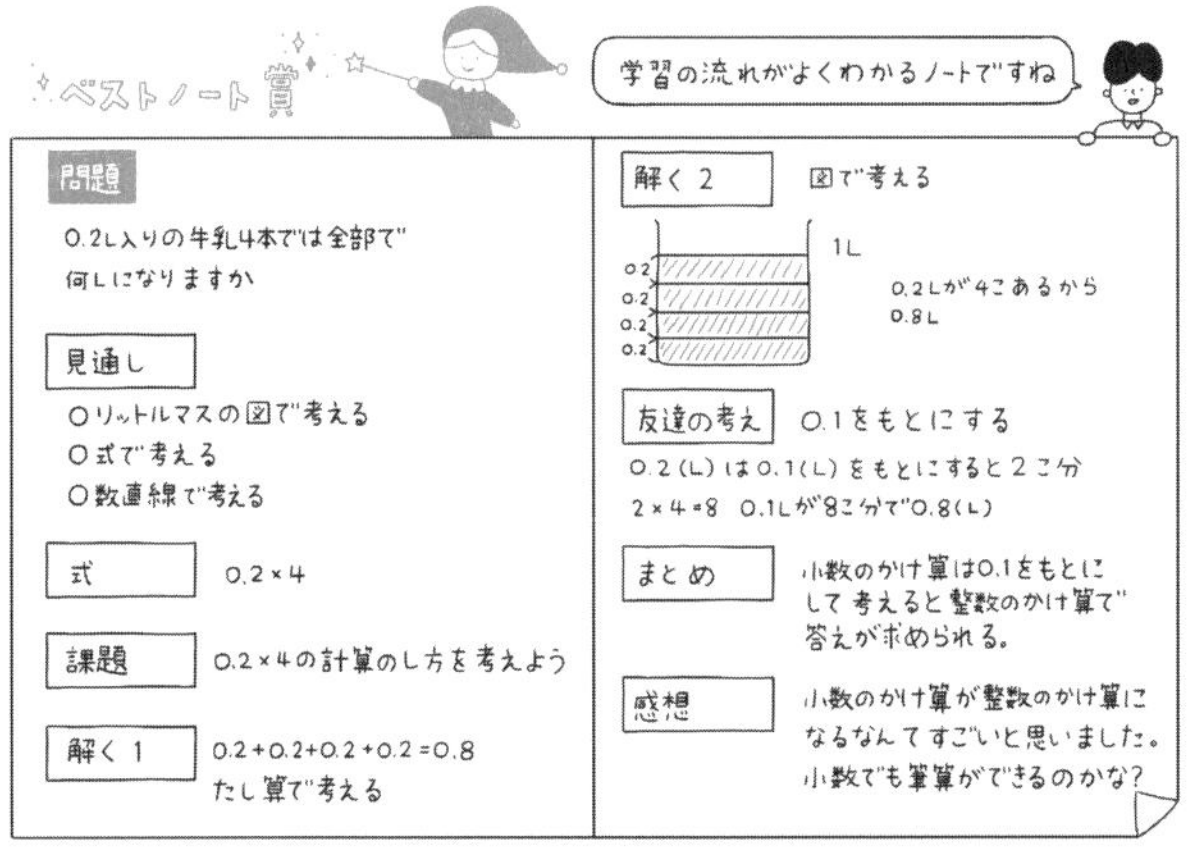

算数の授業は、前時の学習を基に本時の課題が設定されることが一般的です。そのため、前時までの学習のまとめを参考にして、本時の問題解決に生かせるように掲示物を工夫すると効果的です。

多くの教室で「算数学習コーナー」として、今までの学習のまとめを掲示しているのを見かけます。図や表を用いたり矢印などを用いたりして活用を図っています。

しかし、必ずしも教師が作成した完成されたものを掲示する必要はありません。前時で用いた児童の考え方のシートを貼るのも効果的です。そこには、前時の学習の足跡が残っていることもあるでしょう。また、友達の考え方が貼られていることにより、C児などには解決方法を想起しやすくもなります、

さらに、児童のノートの中からよくまとめられているものを「ベストノート賞」として掲示するのも効果的です。A児のノートのみならず、C児のノートの中からも「ここがいい」というところを教師が見つけて紹介すると、自信がつき意欲もわいてきます。他の児童も「こんな工夫をすればわかりやすくなるのか。次は私もやってみよう」など表現力の向上にもつながります。

今時、計算技能は必要ないの？

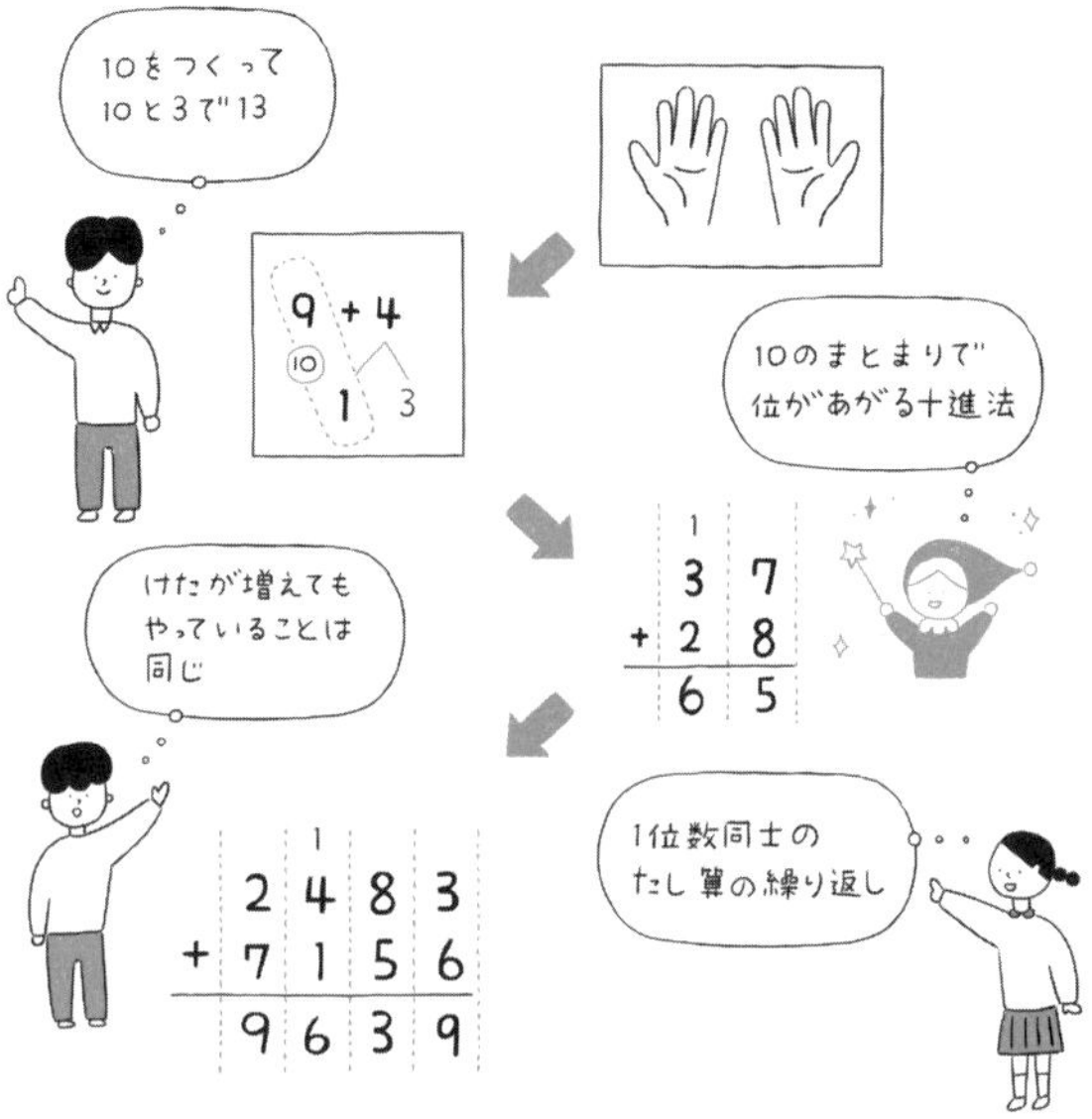
10をつくって
10と3で13
9+4
10
1 3
10のまとまりで
位があがる十進法
1
37
+28
65
けたが増えても
やっていることは
同じ
1位数同士の
たし算の繰り返し
1
2483
+7156
9639

必要です。計算は数学的なアイデアの宝庫であり、形式的に処理できるよさがあるからです。

電卓もあるし、パソコンもあるし、社会人になって手で計算することはまずないのに、なぜ小学校では計算技能を重視しているのでしょうか。

9＋4という繰り上がりのあるたし算を考えてみましょう。10を超えてしまうので、指が足りません。そこで、4を1と3に分解して、9と1で10をつくるというアイデアを使います。10と3で13になります。この10のまとまりをつくるというアイデアは十進法や十進位取り記数法に基づいています。

繰り上がりのあるたし算の答えがぱっとわかるようになると、次は筆算です。二位数どうしのたし算ですが、位ごとに計算するので、やっていることは一位数どうしのたし算と同じです。繰り上がりがあったら次の位に1をたします。これも十進位取り記数法に基づいています。位が増えても、一位数どうしのたし算を繰り返し計算するだけなので、形式的に処理できるよさがあります。

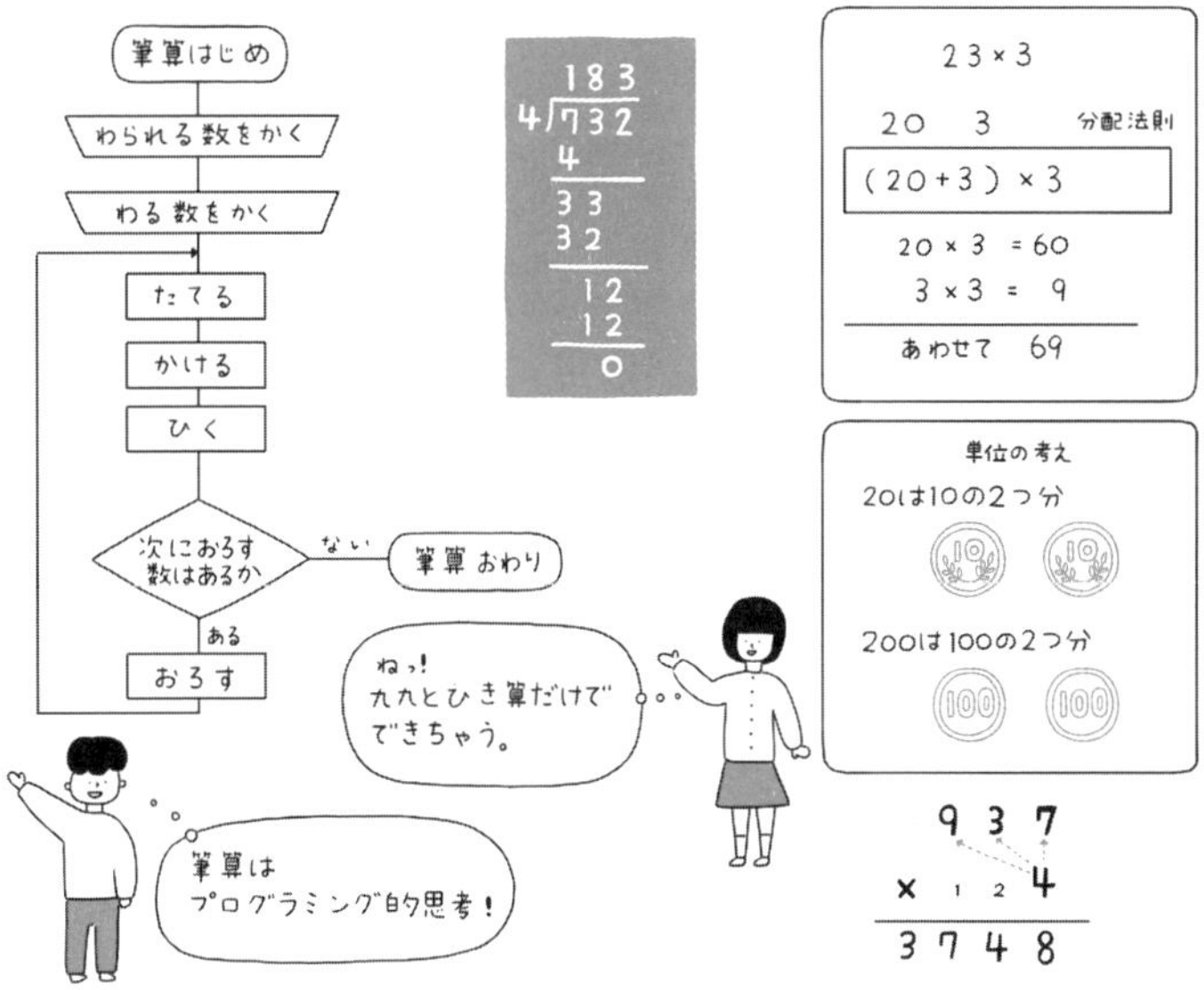

かけ算を見てみましょう。日本には「かけ算九九」があるので、2年生で暗唱し、3年生は筆算です。たとえば、23×3の計算では23を20と3に分解します。20×3と3×3を求めて最後にたすと答えが出ます。これは分配法則です。また位ごとに分けて計算するアイデアは十進位取り記数法に基づいています。20や200などの0のついた計算は10や100を単位としてみることで一位数として扱うことができます。したがって、計算するのはいつも一位数どうしのかけ算、つまり九九です。

たし算と同じように、位がいくら増えても九九とたし算だけでできます。後は形式的に処理するだけです。

わり算は、九九とひき算（繰り下がり含む）ができれば、形式的に処理することができます。わり算の筆算はわる数がわられる数の中にいくつ入っているかという包含除の考えを使っています。わり算の場合、桁が増えても「たてる→かける→ひく→おろす」という計算手順を繰り返すだけなので、プログラミング的思考と捉えることができます。

このように数学的アイデアの結集が計算なのです。そのおかげで桁数が増えても同じ手順を繰り返すだけで答えを導き出すことができます。計算技能を高めるよりそのよさを味わいたいものです。

Q&A 4-21

担任が行うカリキュラム・マネジメントってどんなもの？

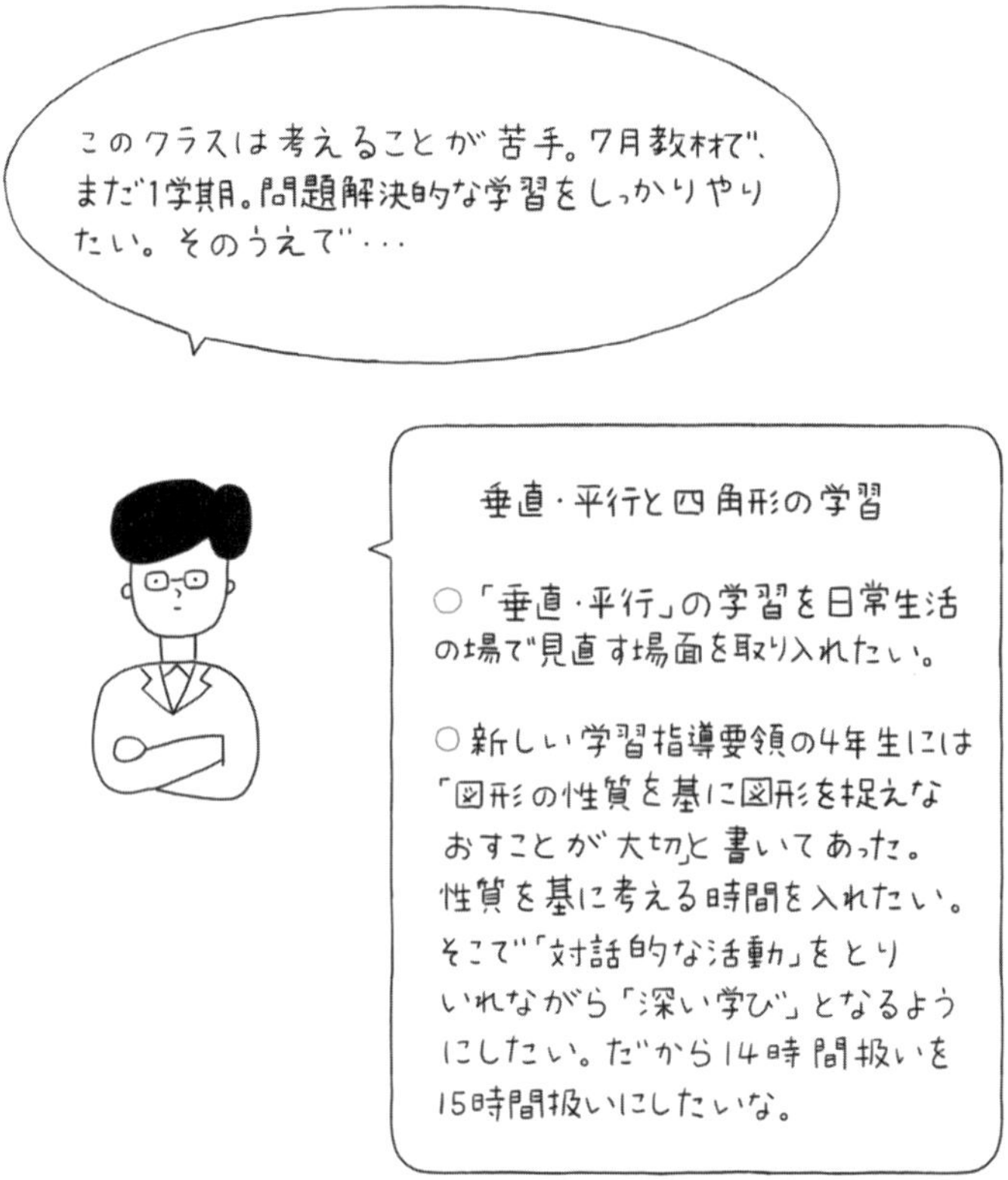

このクラスは考えることが苦手。7月教材で、まだ1学期。問題解決的な学習をしっかりやりたい。そのうえで…
垂直・平行と四角形の学習
○「垂直・平行」の学習を日常生活の場で見直す場面を取り入れたい。
○新しい学習指導要領の4年生には「図形の性質を基に図形を捉えなおすことが大切」と書いてあった。性質を基に考える時間を入れたい。そこで「対話的な活動」をとりいれながら「深い学び」となるようにしたい。だから14時間扱いを15時間扱いにしたいな。

子供たちに質の高い学びを保障し、学習効果を上げるために行うものです。

担任が、学級の子供の実態に合うよう算数科の授業をマネジメントするには、主に次の三つの方法が考えられます。

一つ目は、年間指導計画で教科の関連性を探るということです。学習効果を上げるため月ごとに関連ある教科をリストアップし指導時期等を考えていきます。この作業は学年で協力して行う必要があります。また、少人数指導教員など特別に配置された教員がいる場合、どの単元で少人数指導等を行うと効果的

学年で確認しよう

月	国語	社会	算数	理科
4月	春のうた 白いぼうし	県の広がり	角 折れ線グラフ	天気と気温
5月	花を見つける手がかり 漢字辞典	水	1けたでわる わり算の筆算 1億をこえる数	季節と生物

関連付けて！

少人数指導をお願いしよう

か、学習内容に応じて計画しておきたいですね。

　二つ目は、子供の実態を一番知っている担任だからこそ、「主体的・対話的・深い学び」を観点に授業改善を図る計画を立てたり、学ぶ内容に必要感がもてるような単元構成を工夫したりすることです。

　三つ目は、45分の授業の学習過程や教材を柔軟に扱うことです。教科書教材から子供の実態に合った教材に変更したり、今日の授業のゴールに容易にたどり着ける場合には、適用問題を解く場面を多くするなど柔軟な学習過程を組んだりすることは担任にしかできませんね。

ルーブリック評価やパフォーマンス評価など、評価の仕方も変わるの？

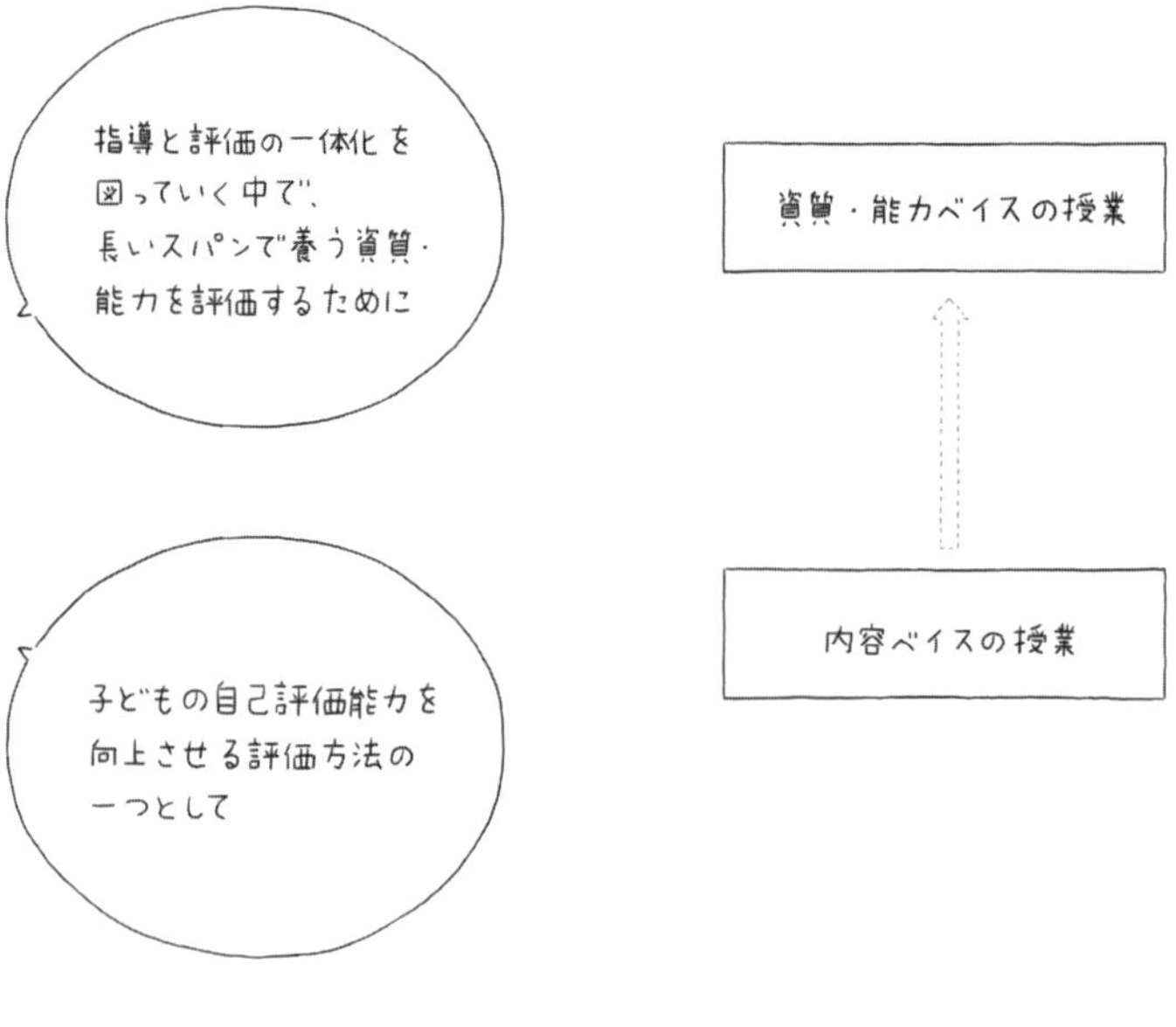
指導と評価の一体化を
図っていく中で、
長いスパンで養う資質・
能力を評価するために
資質・能力ベイスの授業
内容ベイスの授業
子どもの自己評価能力を
向上させる評価方法の
一つとして

中央教育審議会答申は「①資質・能力のバランスのとれた学習評価を行っていくためには、②指導と評価の一体化を図る中で、③論述やレポートの作成、発表、グループでの話合い、作品の制作等といった多様な活動に取り組ませるパフォーマンス評価などを取り入れ、④ペーパーテストの結果にとどまらない、多面的・多角的な評価を行っていくことが必要である」（下線部筆者）と観点別学習状況の評価の改善について述べています。この文章の中に、パフォーマンス評価を取り入れる理由（下線部①）や評価の位置付け（下線部②）、パフォーマンス評価の事例（下線部③）、評価の留意点（下線部④）が示されていることがわかります。

今回の改訂で、内容ベイスから資質・能力ベイスの授業へと質的な転換を目指しています。とりわけ、「日常の事象を数理的に捉え見通しをもち筋道を立てて考察する力、基礎的・基本的な数量や図形の性質などを見いだし統合的・発展的に考察する力、数学的な表現を用いて事象を簡潔・明瞭・的確に表したり目的に応じて柔軟に

資質・能力のバランスのとれた学習評価を行っていくために
パフォーマンス評価が有効
論述やレポートの作成、発表、話し合い、作品など多面的・多角的な評価を行うために

表したりする力」のような学習した知識や技能を用いて問題や課題を解決する思考力・判断力・表現力は、単元や年間、さらにはもっと長いスパンで養っていく力ですし、○×で単純に評価できる力でもありません。ですからルーブリックを用いたパフォーマンス評価が必要となります。

なお、近年の学習評価の考え方では、子供の自己評価能力を向上させることが求められています。子供たちに評価指標を明示し、評価結果を教師と子供と双方で確認し、学習の改善の方向性を検討していくことが重要になりますから、この点からもパフォーマンス評価は適した評価方法の一つです。もちろん、従来行ってきたペーパーテストや児童の授業中の様子やノートなどの観察による評価なども行い、多面的・多角的に評価します。

参考・引用文献
「幼稚園、小学校、中学校、高等学校及び特別支援学校の学習指導要領等の改善及び必要な方策等について」
中央教育審議会答申（平成28年12月）

見方・考え方は評価するの？

算数の学習を通じて
「数学的な見方・考え方」が
更に豊かになっていくように
します

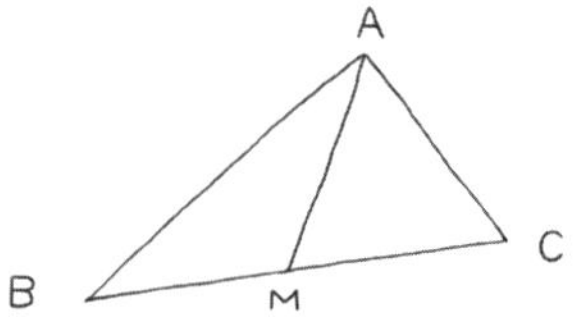
A
B
M
C

平成20年度版学習指導要領では「数学的な考え方」を育成することを目標として評価の観点として明記されていましたが、この度の評価の観点は三つの資質・能力に対応することになり、観点として「数学的な見方・考え方」はありません。「数学的な見方・考え方」を評価するのでしょうか？

平成29年度学習指導要領解説算数編には「算数科の学習においては、『数学的な見方・考え方』を働かせながら、知識及び技能を習得したり、習得した知識及び技能を活用して探究したりすることにより、生きて働く知識となり、技能の習熟・熟達にもつながるとともに、より広い領域や複雑な事象について思考・判断・表現できる力が育成され、このような学習を通じて、『数学的な見方・考え方』が更に豊かで確かなものとなっていく。[1]」と述べられています。したがって、「数学的な見方・考え方」が働いているのか、鍛えられているのかについて評価して、学習と指導の改善に努めなければなりません。

ではどのように評価すればよいのでしょうか？　指導

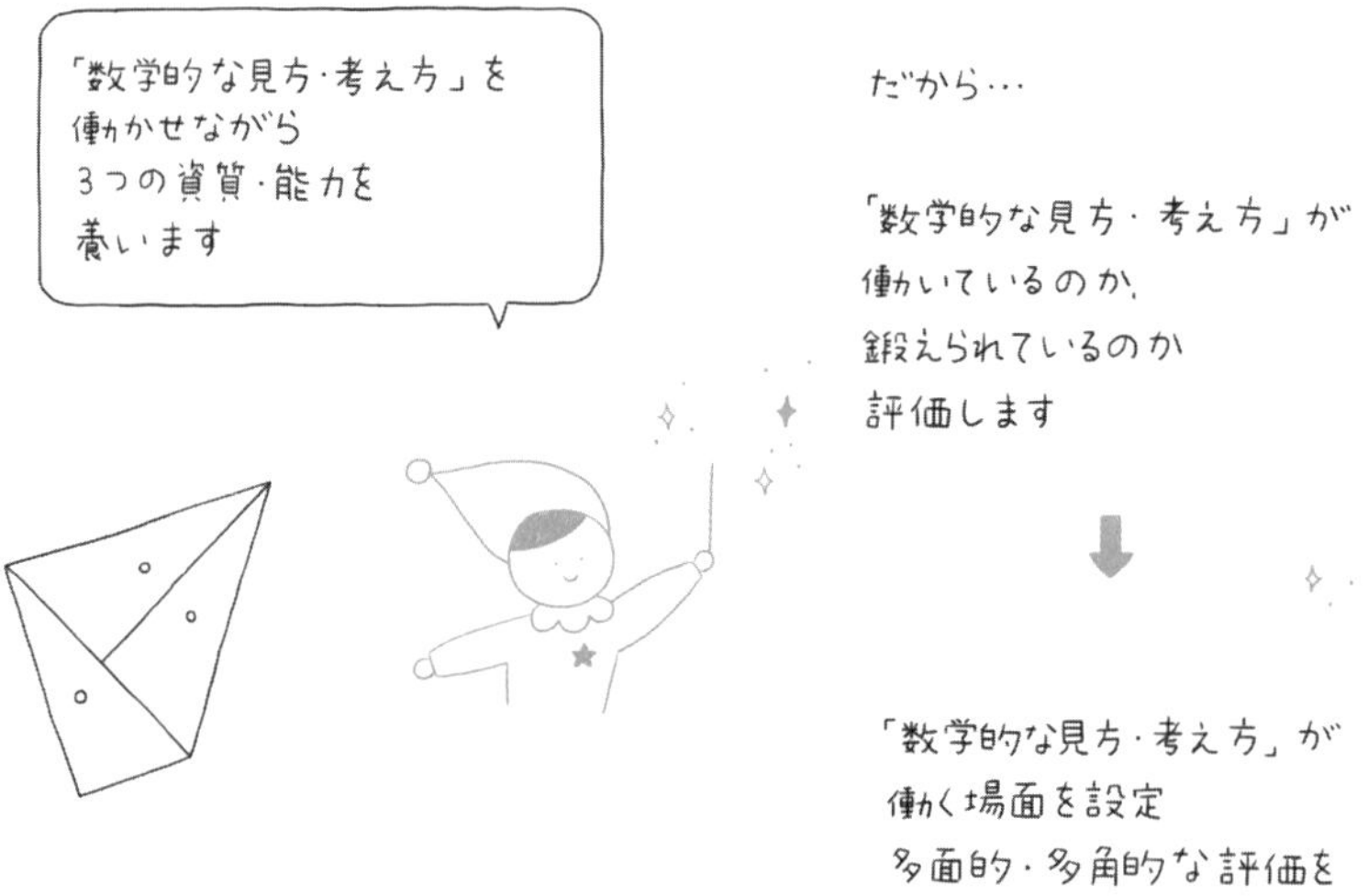
「数学的な見方・考え方」を
働かせながら
3つの資質・能力を
養います
だから…
「数学的な見方・考え方」が
働いているのか、
鍛えられているのか
評価します
「数学的な見方・考え方」が
働く場面を設定
多面的・多角的な評価を

要録の評価の観点には、「数学的な見方・考え方」はありませんが、「数学的な見方・考え方」は「事象を数量や図形及びそれらの関係などに着目して捉え、根拠を基に筋道を立てて考え、統合的・発展的に考えること[2]」と定義されていますから、三つの資質・能力に関わり、とりわけ「思考力、判断力、表現力等」に深く関わることがわかります。そこで、授業において、「数学的な見方・考え方」が働く場面を設定すること、評価方法として、ペーパーテストだけではなく、論述やレポートの作成、発表、話し合い、作品の制作や表現など多様な活動を取り入れることが必要です。

（1）『小学校学習指導要領（平成29年告示）解説算数編』文部科学省（2018）日本文教出版、P.7

（2）「児童生徒の学習評価の在り方について（報告）」中央教育審議会初等中等教育分科会教育課程部会（2019）

「資質・能力」はどうやって評価すればいいの？

自己評価
相互評価
メタ認知を働かせた
自己調整的な学習姿勢
行動観察
ペーパーテスト
記憶して使えるだけでなく
意味を説明するような課題も

「資質・能力」は三つの観点「知識・技能」、「思考・判断・表現」、「主体的に学習に取り組む態度」で評価します。

「知識・技能」は、「数量や図形などについての基礎的・基本的な概念や性質などを理解していること」、「日常の事象を数理的に処理する技能を身に付けていること」について評価します。したがって、ペーパーテストを用いて評価することができるでしょう。ただし、「深い学び」が求められていますから、例えば「台形の求積公式を記憶して使える」ことを問うだけでは不十分です。「台形の求積公式を導くこと」を問い、意味を説明させるような課題が必要でしょう。

「思考・判断・表現」は、「日常の事象を数理的に捉え、見通しをもち筋道を立てて考察する力」、「基礎的・基本的な数量や図形の性質などを見いだし統合的・発展的に考察する力」、「数学的な表現を用いて事象を簡潔・明瞭・的確に表したり目的に応じて柔軟に表したりする力」などについて

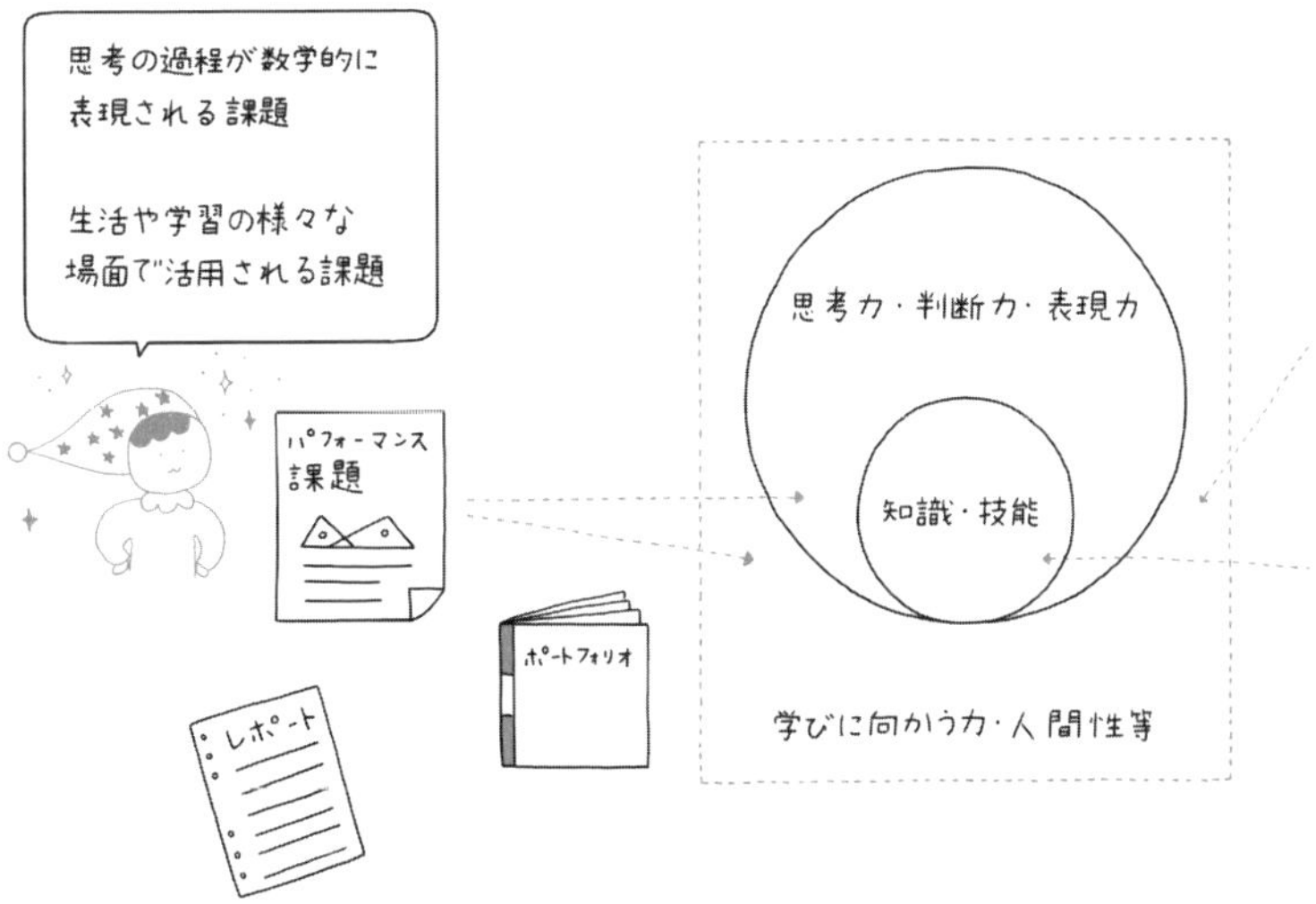

思考の過程が数学的に
表現される課題
生活や学習の様々な
場面で活用される課題
パフォーマンス課題
ポートフォリオ
レポート
思考力・判断力・表現力
知識・技能
学びに向かう力・人間性等

評価します。したがって、思考の過程が数学的に表現される課題、しかも生活や学習の様々な場面で活用する課題が必要になりますから、ペーパーテストだけではなく、パフォーマンス評価が必要となります。ただし、このような能力は短期間で伸長することは難しいことや、パフォーマンス評価は実施に多くの時間を必要とすることなどを考慮すると、学期に1、2度実施することを考えるとよいでしょう。

「主体的に学習に取り組む態度」は、「数学的活動の楽しさや数学のよさに気付き、学習を振り返ってよりよく問題解決しようとする態度」、「算数で学んだことを生活や学習に活用しようとする態度」を評価します。つまり、問題解決後により よい解決方法を見いだしたり、多面的・多角的に批判的に検討し、新たな問いを見いだしたりするメタ認知を働かせた自己調整的な学習姿勢を評価します。したがって、他の二つの観点の状況を踏まえて、ノートの記述やレポート、行動観察、自己評価や相互評価などを活用することが考えられます。

Q&A 4-25

「評価と指導の一体化」はどのようにしたらいいの？

授業では、子供一人ひとりに基礎・基本を確実に身に付けるようにするとともに、子供が自ら学び、自ら考えていける力を育てる必要があります。そのためには、評価を生かした指導を進めることが不可欠となります。言い換えると、目標に照らし、子供の学習状況をよく理解しながら指導を進めるということです。

評価は、単に知識の量を測る取り組みではありません。学習結果だけではなく、その過程を一層重視したり、子供のよい点や可能性、進歩の状況を積極的に把握したりするなど、評価を次の指導あるいは支援に生かしていく必要があります。次に示す三つの評価の活用を具体的に実践していくことが肝心です。

診断的評価

新しい単元に入るときに、レディネス（既習事項や既有経験）がどの程度身に付いているかを把握し、指導計画や授業展開に役立てるようにします。レディネステストを作成し、子供一人ひとりの学習状況を把握するようにするとよいでしょう。

形成的評価

授業中に子供の反応や学習状況を把握しながら手立てを講じていくことになります。授業の進め方の調整や変更、個に応じた支援を考える上で欠かせません。学習に遅れがちな子供やつまずいている子供、あるいは、授業のねらいをすでに達成している子供への次の手立てを考え実践していくことになります。

総括的評価の活用

単元終了時に学習内容がどの程度身に付いたかを把握し、次の単元の指導方針を決める材料としていきます。「知識・技能」「思考・判断・表現」「主体的に学習に取り組む態度」の観点から評価することもあります。

指導と評価と支援は個々に独立してあるのではなく、常に一体として考え、取り組むことが大切です。

Plan（計画）	学習のねらい，子どものレディネスの状況に照らし，学習指導・評価計画を作成する。
↓	
Do（指導・実践）	計画に即し，実践する。
↓	
Check（見取り・確認・評価）	子供の学習状況を把握し，発問の仕方，教具の与え方，活動のさせ方等を確認する。
↓	
Action（具体的指導・支援）	子供の反応に対して具体的な手立てを講じる。
↓	
Check（見取り・確認・評価）	具体的な手立てに対する子供の反応を確かめる。
↓	
Action（具体的な指導・支援）	再び子供の反応に対して具体的な手立てを講じる。
↓	
Think&Improvement（考察と改善）	授業の流れを振り返り，次の授業へ向けての指導の改善を図る。

執筆者一覧（執筆順）

清水 美憲（筑波大学・新算数教育研究会会長）	はじめに，1-1, 2
齊藤 一弥（島根県立大学）	1-3, 4
池田 敏和（横浜国立大学）	1-5～7
二宮 裕之（埼玉大学）	1-8, 9
蒔苗 直道（筑波大学）	1-10, 11
細水 保宏（明星大学）	2-1～3
松尾 七重（千葉大学）	2-4～6
西村 圭一（東京学芸大学）	2-7～10
清水 紀宏（福岡教育大学）	3-1～3
高橋 丈夫（成城学園初等学校副校長）	3-4～6
中川 愼一（元富山県南砺市立福光東部小学校長）	4-1
日野 圭子（宇都宮大学）	4-2～4
大澤 隆之（学習院初等科長）	4-5
椎名 美穂子（秋田大学）	4-6
岡崎 正和（岡山大学）	4-7

カスタマーレビュー募集

本書をお読みになった感想を下記サイトにお寄せ下さい。レビューいただいた方には特典がございます。

https://www.toyokan.co.jp/products/4365

イラスト図解で すっきりわかる算数

2023（令和5）年3月14日　初版第1刷発行

編　者：新算数教育研究会

発行者：錦織 圭之介

発行所：株式会社 東洋館出版社

〒101-0054　東京都千代田区神田錦町2丁目9番1号
コンフォール安田ビル2階

（代　表）　電話 03-6778-4343 ／ FAX 03-5281-8091

（営業部）　電話 03-6778-7278 ／ FAX 03-5281-8092

振替　00180-7-96823

URL　https://www.toyokan.co.jp

デザイン：竹内宏和（藤原印刷株式会社）

イラスト：吉村ともこ

印刷・製本：藤原印刷株式会社

ISBN978-4-491-04365-4 ／ Printed in Japan